U0785918

悦老生活荐读

百岁生活
百岁翁的长寿经

丛书主编　丛肖南
本册主编　康思迪

哈尔滨工程大学出版社
Harbin Engineering University Press

图书在版编目(CIP)数据

百岁生活 ：百岁翁的长寿经 / 康思迪主编. — 哈尔滨 ：哈尔滨工程大学出版社，2024. 2
(暮晓 ：悦老生活荐读)
ISBN 978-7-5661-4315-0

Ⅰ. ①百… Ⅱ. ①康… Ⅲ. ①老年人-长寿-保健 Ⅳ. ①R161. 7

中国国家版本馆 CIP 数据核字(2024)第 047605 号

百岁生活：百岁翁的长寿经
BAISUI SHENGHUO：BAISUIWENG DE CHANGSHOUJING

选题策划 王春晖
责任编辑 张 曦 邹德萍 王丽华
封面设计 李海波

出版发行 哈尔滨工程大学出版社
社　　址 哈尔滨市南岗区南通大街 145 号
邮政编码 150001
发行电话 0451-82519328
传　　真 0451-82519699
经　　销 新华书店
印　　刷 哈尔滨午阳印刷有限公司
开　　本 787 mm×1 092 mm 1/16
印　　张 55. 25
字　　数 780 千字
版　　次 2024 年 2 月第 1 版
印　　次 2024 年 2 月第 1 次印刷
书　　号 ISBN 978-7-5661-4315-0
定　　价 298. 00 元(全 4 册)
http://www. hrbeupress. com
E-mail:heupress@ hrbeu. edu. cn

《暮晓·悦老生活荐读》
丛书编委会

主　任　丛肖南

副主任　宋子民

成　员　孙登成　张　静

序言

Preface

随着社会的进步和时代的发展，老年人的生活品质和幸福感越来越受到全社会的关注。习近平总书记指出："一个社会幸福不幸福，很重要的是看老年人幸福不幸福。"党的十八大以来，习近平总书记作出一系列重要指示，规划部署国家老龄事业发展和养老体系建设，要"让所有老年人都能有一个幸福美满的晚年"。老年人的精神状态和生活状态，不仅会影响家庭的和睦，甚至会影响整个社会的安定与和谐。让老年朋友们学到自己感兴趣的知识，保持积极健康、乐观向上的精神面貌，这是老年大学的教学理念与社会使命，更是老年大学存在的价值与意义所在。

哈尔滨老年人大学成立于 1984 年 4 月 1 日，是新中国成立后率先成立的老年大学，也是最早开课的老年大学、国家级"示范老年大学"。近年来，学校认真贯彻习近平总书记关于老年教育工作的重要指示精神，积极响应人口老龄化国家战略，把"积极老龄观、健康老龄化"融入老年教育发展全过程，全力打造"开放包容、幸福快乐、有为进步"的高质量综合性老年大学。随着教育教学改革的不断深入，我们对于老年教育内涵的理解也在不断更新。老年大学从带领老年人享受晚年生活、老有所乐，到指导老年人紧跟时代前进的步伐、老有所学，再到引领老年人继续为社会发挥光和热、老有所为，直至关注老年人身心同健，不断增强老年人的获得感、幸福感和安全感，发挥着重要作用。

基于此，在哈尔滨老年教育事业发展40周年暨哈尔滨老年人大学建校40周年之际，哈尔滨老年人大学和哈尔滨工程大学出版社合力打造了一套旨在丰富老年人的精神世界、为老年人排疑解惑、为老年人提供切实有效帮助的系列丛书。这套课外读物，是我们对老年教育理念的具体实践，它涵盖法律常识、心理健康、养生之道以及故乡老味道等多方面内容，它们各自承载着独特的使命。

情法相依：我们邀请专业律师、检察官、法官为老年朋友详细解读与生活息息相关的法律问题，帮助老年人在享受合法权益的同时，学会用法律武器保护自己。

心灵有约：心理的健康能够提高生命的质量。我们关注老年人的内心世界，从多个角度解读老年人常见的心理问题，帮助老年朋友排解内心的困惑与焦虑，使其保持积极向上的心态、拥抱快乐的老年生活。

年轮滋味：生活不仅要有柴米油盐，还要有诗和远方。旧时光里的美好，令人怀念的故乡味道，字里行间流淌着的情感，与美食相关的温暖故事，让老年朋友发现生活中的新乐趣，使其老年生活充满滋味。

百岁生活：知悉百岁老人的养生之道和长寿秘诀。老年朋友能够从中汲取生活的智慧、养生的经验、生命的真谛，找到适合自己的生活方式，让健康长寿与岁月同行。

这套课外读物不仅内容丰富实用，更是为老年朋友献上的一份饱含尊重与敬意的礼物。我在老年教育领域深耕多年，对老年教育这份事业充满着深沉的热爱。生命的长度有限，但生命的宽度却可以无限。这套“悦老生活荐读”系列丛书名为“暮晓”，是我深思熟虑的沉淀，也是捕捉到的灵光闪现。年虽迟暮，但仍志存高远。暮年与青年，夕阳与拂晓，在老年大学的校园里融为一体。“暮晓”最能表达我们对老年生活的理解与感悟，也寄托了我们对老年人的深切情感。希望这套丛书能成为老年朋友的知音与良伴，使他们能够在书中找到属于自己的活力与力量。同时，也希望这套丛书能够成为老年大学与社会之间的一座桥梁，让更多的人了解老年大学的教育理念和历史使命，唤起全社会对老年人生命质量的关注，努力形成关爱、和谐、尊老、敬老的浓郁社会氛围。

这里是一个新的起点，是老年人的，也是我们的，未来的我们会继续充实丛书的内容，与人民同心、与时代同步，在追寻智慧的道路上让更多的老年人找到属于自己的幸福时光！

哈尔滨老年人大学党组书记：

2024 年 1 月

目录

Contents

第一篇

心阔天地宽

心平，心宽，心闲，心静。

在岁月中沉淀，

在安静的时光里绽放，

岁月的沧桑只是一抹时光的痕迹，

心中的快乐使人依旧年轻。

精神快乐是人类最好的滋补品

1991年，巴金在《给家乡孩子的信》中写道："我有病，写字困难，提着笔的手不听指挥，有时候一支笔在我手里有千斤重。"

这时巴金已经87岁，被确诊为帕金森病也已经8年了。从确诊那天起，巴金每个月要上医院两次，做帕金森病的检查与治疗。

尽管病情一直控制得不错，但巴金晚年还是被高血压、慢性支气管炎、恶性间皮细胞瘤等多种疾病纠缠。

虽然巴金一生体弱多病，但他仍然活到101岁高龄，有人向他请教长寿秘诀，巴金笑而不答。从他的生平经历中，我们或许可以窥得他的养生之道。

散步健体

年轻时的巴金喜欢旅行，每每完成了一段时间的写作，他就拎起小藤箱到处旅行，拜会朋友。

巴金喜欢爬山、划船，新中国成立后，他在北戴河疗养，还抱着救生圈学过游泳，而他坚持最久的运动还是散步。年轻时为了病后恢复身体健康，巴金养成了散步的习惯。无论是出差工作，还是深入野外、煤矿采风，他都要抽出时间来边散步边思考，散步俨然已经成了巴金最大的兴趣和爱好。

在他看来，散步能够滋养肝肾，促进气血循环，长期坚持必然能够促进身体健康。

其实，早在中医学经典《黄帝内经》中就提到了“广步于庭”的妙处；清代曹庭栋的《老老恒言》里也有类似说法：“步主筋，步则筋舒而四肢健。”

饮食清淡

巴金虽然生于四川，但在饮食方面一直很清淡，也比较节制，从不挑剔，更不喜欢大鱼大肉、煎炸等容易上火的食品。

他对自己喜欢的食物也注意掌握一个量，即少而精，不多吃。他认为，在日常生活中应当将五谷、五果、五畜、五菜合理搭配，才能充分补充人体气血，从而达到健康长寿的目的。

1987 年，巴金回过一次故乡且住了十多天，很是开心，但是他说：“胃口好多了，但不敢多吃。因有气管炎，辣椒也只能少吃了。”

先前他也爱喝酒，不过一二两的量；也爱抽烟，但只抽“包口烟”（四川方言，指抽烟时不吸烟入肺），后来为身体考虑，烟和酒都戒掉了。上了年纪以后，甚至连他喜欢的冰激凌和巧克力也不再碰了。

在晚年，他每天吃得最多的是早餐：一个鸡蛋，一杯牛奶，一小碗稀饭，再加一两个小点心，佐以豆腐乳、牛肉松、酱瓜。

注重习惯

巴金一生挚爱文学创作，以至于很少有时间顾及自己的个人生活，直到40多岁时，才和结识多年的萧珊结为伉俪。平时，他既无不良嗜好，也非常注重保持良好的生活习惯，对纸醉金迷的奢华生活从来都“禁”而远之。如此，不仅成全了他孜孜以求的事业，也奠定了他健康长寿的基础。中医也认为，良好的生活习惯能减少精气消耗，从而达到精气十足则百毒不侵之目的。

晚年的巴金更加注重生活规律。当他生活还能自理时，一般在清晨6点前醒来打开收音机，听新闻广播约一个半小时，然后吃一顿营养丰富的早餐。随后在轮椅上静躺一会儿，避免血压下降影响供氧，之后扶着专用助步器走上几十到一百步不等。

下午巴金常常会以口授形式答复一些信件，晚饭后看完《新闻联播》，大约晚上9点就上床休息。

豁达乐观

巴金一生经历了许多曲折与坎坷，生活并不称心如意，但他始终能以豁达开朗的胸怀，陶冶情操、颐养心神。在众人眼中，巴金从来都是那么慢条斯理、和蔼可亲，也从不因为生活小事和别人斤斤计较。

20世纪40年代，巴金曾受到谣言攻击，可面对这一切，他只是于淡然之中一笑置之。

巴金有句名言："精神快乐是人类最好的滋补品。"

他认为，老年人应淡泊名利，胸怀宽广。这样才能活得简朴、轻松、自由，才会有更多的时间充分享受人生。

老年人也要学会忘记死亡、钱财和年龄。遇挫折能抵抗，遇疾病不悲观，遇丧亲能承受。如此，就能时刻拥有好心情，永远保持积极健康、乐观向上的人生态度。

从现代医学角度讲，快乐之所以有助于健康和养生，是因为它能增强大脑皮层的功能和神经系统的张力，促使皮质激素与脑啡肽类物质的分泌，使机体抗病能力大大提升，并且能增强人体内的免疫系统功能，有利于防病治病。

淡泊名利

巴金向来奉行低调谦虚的原则，尽管一生著作等身、成就斐然，但他从来不把自己当名人看待。

他曾说过："我写作一不为吃饭，二不为出名。我藏在心里没有说出来的话是——'我是春蚕，吃了桑叶就要吐丝，哪怕放在锅里煮，死了丝也不断，为了给人间添一点温暖'。"

1993 年，四川省打算以巴金的名字设立文学奖，却遭到了巴金本人的婉拒，他说："生命的意义在于付出，在于给予，而不是在于接受，也不是在于索取。"巴金的这种人生态度，不但让他备受大众敬仰，也在很大程度上有助于他的健康与长寿。

仁者长寿

巴金一生待人宽容，与他共过事的人无不称赞他这一点。

晚年患病期间，巴金与医生非常配合。比如输液，巴金血管极细难找，护士有时反复在他身上扎针找血管，他也极少吭声。

一位为巴金服务了20个年头的保健医生动情地说：“我们给巴老做治疗，有时候很到位，有时候也不那么令人满意，但他都是采取一种很宽容、温和的态度，从来没有指责过我们。给他看病，我们没有那么多的心理负担，觉得轻松愉快。”

巴金还默默地为希望工程、受灾地区捐献。从1996年起，他就先后捐了19次款，累计达29万余元。

孔子说的“知者乐、仁者寿”，或许说的就是“仁者长寿”这个道理。

巴金（1904—2005），原名李尧棠，字芾甘。出生于四川省成都市，祖籍浙江省嘉兴市。中国现代作家。代表作品有《家》《寒夜》，“爱情三部曲”（《雾》《雨》《电》）等。2003年11月，被国务院授予“人民作家”荣誉称号。

拥有童心永远不老

被人们亲切地称作“世纪老人”的冰心，一生不仅为我国社会文化及妇女儿童事业做出了巨大的贡献，而且也在养生之道方面，为我们提供了诸多有益的借鉴和宝贵的启示。

在微笑中成长

热爱生活、心情舒畅，是冰心的养生秘诀之一。

从小到大，无论什么时候，她总是心怀灿烂，充满自信和激情。

小时候，沐浴着大自然温暖的阳光，呼吸着清新的空气，她四处玩乐、无所不往，是村里出了名的“野”孩子。

成年之后，她更是把大量的精力和时间投入写作之中。她也曾坦言：“对我来说，保持健康的方法，不是讲营养、吃补药，而是一句话——‘在微笑中写作’。”

晚年的她心平气和，不急不躁，始终保持着良好的心态。即使遇到不顺心之事，也会在一笑而过后化为乌有。

用她自己的话来说，就是："我除了注意饮食起居、经常散步之外，还有 4 个字，那就是'心情舒畅'。这也可以说是我长寿的'维生素'。"

在豁达中从容

一个人的健康与否，不仅取决于身体素质，更取决于心理状态。

正如冰心所说："善养生者养内，不善养生者养外。"

受此影响，生活中的冰心不仅内敛平静、低调谦和，而且淡泊名利、与世无争。即使遭遇挫折，她仍能乐天知命，坦然面对。

后来回顾遭遇挫折的经历时，她用平静的语气写道："这就是我的晚年，在精神和物质方面，都没有感到丝毫的不足。"

正是这与世无争的坦然与豁达，才让她在谈及长寿心得时，说出如下肺腑之言："我确实没有特别的养生之道，就是性情豁达一点，从不跟人计较。生命的每一天都是新的，我说过，生命从八十岁开始。"

在诙谐中淡定

生死对每个人来说，虽然难以回避，但在生活中，如何面对这个命题，则就因人而异、不尽相同了。

晚年的冰心，对生死之谈，显得格外淡然。

她常说，"生死寻常事，从不可避免，但精神不可消灭，永远留存”。甚至还在嬉笑怒骂和幽默诙谐之中，表现出无畏的乐观和从容淡定。

有一次，她身体欠佳，热心的朋友请来气功师为她发功，一会儿问她觉得凉吗，她应声道“不凉”；一会儿又问她觉得热吗，她又回答说“不热”。

尴尬之余，她终于忍不住笑着圆场说：“你们别弄了，我不信佛，不信神，不信天主，只信我自个儿。”

有记者问她最怨恨什么，她说：“最怨恨的是官场糜烂、为人蛮横。”

而谈及自己，她又坦率直言：“我是‘一无所有’，从我身上无权可夺，无官可罢。”

在恩爱中长寿

在家庭生活方面，冰心和丈夫吴文藻，相濡以沫，患难与共，度过了幸福美满的一生。

这不仅由于两人情投意合，更重要的是因为他们有着共同的兴趣和爱好。那洋洋数百万字的译作《世界史纲》，正是两人在 20 世纪 70 年代初，相互协作、共同努力的结晶。

其实，选择这样一位志同道合的伴侣，也并不偶然。

早在青年时代，谈及人生大事时，父母便半开玩笑地说，他们并不想让自己的宝贝女儿嫁给当官或当兵的。而冰心也马上插话坦言，除此之外，她也不想嫁给文艺界之人。

结果，冰心最终选择了温文尔雅的社会学家吴文藻。

每当谈及自己的养生之道时，冰心总会满怀感慨地说："我不是依托养分，吃补药，而是夫妻恩爱，家庭和睦，知足常乐，我一向是在浅笑中写作而长命的。"

在饮食中健康

在饮食方面，冰心有一套属于自己的原则，概括起来便是：有节有度素为主，不挑不剔花样多。

早餐通常一杯牛奶或一杯咖啡，外加一颗鸡蛋；中晚餐荤素不限，但却很有节制，一般主食以素为主，七八分饱即可；饭后再适当补充点水果、点心之类的零食和小吃。

值得一提的是，冰心还遵照专家建议，坚持每天喝蜂蜜水，再每隔一段时间吃西洋参，这对她身体的保养肯定很有益处。

另外，她还有个讲究，就是不管吃什么，主要看自己的喜好和口味，而并不刻意追求营养之搭配。比如红烧肉、豆腐白菜和冬瓜等，都是她平时最爱吃的。

冰心平时喜欢喝茶，尤其是对家乡的茉莉花茶情有独钟，这对出生在茶叶之乡——福建的她来说，自然也就顺理成章、不足为奇了。

在童心中不老

谈及童心，冰心曾在一篇文章中写道："发现童心，赞美童心，自己也就'还童'了，故有益延年。"

可见，在童心与长寿的关系上，她深谙其中之道。

正是出于对真挚童心的无限向往和赞美，冰心才用饱含激情的笔墨，创作了诸如《寄小读者》《再寄小读者》《三寄小读者》等多篇家喻户晓、脍炙人口的儿童文学作品。

而在现实生活中，她更是对少年儿童充满爱心、呵护有加。

有一次，90 岁高龄的冰心老人正在住院治疗，为了避免其被打扰，医生还特意在病房的门上挂上“谢绝会客”的牌子。但当冰心得知有一位 9 岁佤族小女孩在全国少年儿童绘画大赛中获奖时，老人喜上眉梢，按捺不住激动的心情，依然在病房中接见了这位可爱而了不起的小女孩。

正是由于冰心经常和孩子们相处，才在很大程度上成就了她的童心不老。

冰心(1900—1999)，原名谢婉莹，福建福州人，中国民主促进会成员。中国诗人，现代作家，翻译家，儿童文学作家，社会活动家，散文家。笔名冰心取自“一片冰心在玉壶”。1923 年出国留学前后，她开始陆续发表的总名为《寄小读者》的通讯散文成为中国儿童文学的奠基之作。代表作品有《寄小读者》《往事》《冬儿姑娘》等。

知足常乐，与世无争

他，因《文坛登龙术》而名噪一时；他，因 100 岁征婚惊艳全场；他，被鲁迅先生点赞；他，被芸芸众生艳羡。他就是章克标，一位寿高 108 岁的“人瑞作家”。

笑对人生

章克标先生风趣幽默，非常爱笑。他说，人生就是这样，笑别人，被别人笑，然后笑笑自己。

99 岁的时候，章克标先生刻了一方闲章，内容是：“白岁劳开”。他的解释是：“白岁”者，百之少一，九十九也；“劳开”者，即扑克牌中之老 K，也就是“十三点”也。江南人氏的语境里，“十三点”就是疯疯癫癫的人。这是章克标先生的自嘲。开心快乐每一天，是他给自己生活定的标准，笑口常开，春暖花开。

早年间，章克标先生曾患上失眠症。半夜三更辗转反侧睡不着，第二天萎靡不振。他到处寻医问药找偏方，几十种方法用了一遍，都无济于事。

不久，他又患上了严重的便秘。他说“一次大便丢掉半条命”，个中痛苦滋味，不言而喻。

有朋友登门拜访，谈起来这两件事，他郁郁寡欢。朋友没说什么，不久之后，约他去爬山。

登到顶峰，他的眼界一下子打开了，心胸也豁然开朗，回到家里筋疲力尽，躺到床上呼呼大睡。

此后，他喜欢上了外出，在大自然的怀抱里，他充分释放自己的能量，那些烦恼在不知不觉中烟消云散。

过了一段时间，他身上的两种疾病不药而愈。他开心得像个孩子，手舞足蹈，笑逐颜开。

随着身体的好转，他变得更加乐观向上，还把自己的心得体会分享给身边的人。他说：“人吃五谷杂粮，难免生病，要战胜它，有足够的耐心跟它们‘斗’，千方百计，必然胜利。重要的是有信心，始终保持积极的心态。”

以前，吃过的苦、受过的罪，后来都变成了自我强大的基因、披坚执锐的信心。

笔耕不辍

生活当中，一方面，章克标先生读书学习，强身健体，身心并修，双管齐下；另一方面，他笔耕不辍，著书立说，先后完成《九十自述》《世纪挥手》《章克标文集》等多部著作。

积极的心态，就是生命里的万丈光芒，在它的照耀下，万物生机勃勃，到处欣欣向荣。因此，保持积极的心态对于健康长寿至关重要，不可或缺。

过了100岁，章克标先生依然红光满面，精神矍铄。他思维清晰，走路带风，说起话来中气十足，掷地有声。

街坊四邻纷纷称奇，跟他打听健康的秘诀，延年益寿的良方。

章克标先生双手一摊，做出一副为难的样子。他说："说实话，我也不知道长寿的秘诀是什么，不过我倒可以说说自己的生活习惯，仅供参考。"

章克标先生自称"中国一品老百姓"。他遇事不争不抢、不慌不忙；讲究有情有趣、温馨惬意。章克标先生的座右铭是：知足常乐，与世无争。这个习惯从早年养成，伴其一生。

他认为，健康是自己的，自己要负全责，别指望什么灵丹妙药，生活本身就是最好的养生。照顾好身体，是自己最伟大的责任；濡养好心灵，是自己最重要的事情。

章克标先生为人低调，谦虚谨慎、与人为善，这是他的基本特征。

他主张，不要争强好胜，顺其自然最好。

比如考试，夺冠不夺冠无所谓，只要自己尽力就好了。

章克标先生说："我从来就没想过出人头地，不与人斗，也不愿当什么英雄豪杰。"因为没有太多奢望，也就没有所谓的挫败感，烦恼自然也很少产生。

不生气，不发怒，是智者的大境界养生。他常挂在嘴边的一句话就是：忍一时，风平浪静；退一步，海阔天空。

粥以养胃

饮食方面，他讲究朴素简单，亲近五谷杂粮，亲近时令蔬菜水果，不贪嘴，不偏食。

陆游的名句——“我得宛丘平易法，只将食粥致神仙”，也是他生活里的圭臬。

他说自己喝了几十年的粥，坦然舒适，喝得自己什么病也没有了。他自己说，可能因为年轻时胃不好，就特别青睐米粥。他煮粥用的米必须是白粳米，香粳米更好，而且是纯粹的白米粥。下粥的菜不一定是酱菜、乳腐、肉松，大鱼大肉亦无妨，只是不用酸辣等刺激性调味品。以粥当饭，一日三餐，其乐融融也。

除此之外，他还爱散步、钓鱼、下棋、跳舞。这些接地气的爱好，让他陶醉不已，乐在其中，其乐无穷。

章克标（1900—2007），原名章恺熙，出生于浙江省海宁市。中国现代作家。1926年他在上海与胡愈之、丰子恺、叶圣陶等人共同轮值主编《一般》月刊，同时与滕固、方光焘等人创办我国新文学早期著名社团之一的狮吼社。代表作品有《文苑草木》《文坛登龙术》《九十自述》。

寄情山水养心性

美籍华人贝聿铭是享誉世界的建筑大师，其代表作品有香港中银大厦、北京香山饭店、日本美秀美术馆、苏州博物馆新馆、卢浮宫金字塔等。那么，百岁老人贝聿铭都有哪些长寿秘诀呢？

为人处世向“钱”学

生活当中，一个人有怎样的立场和原则，就会有怎样的心态和情绪。贝聿铭一直保持着豁达开朗、积极乐观的心态，究其原因就在于他向来奉行一套独特的为人处世准则。

贝聿铭在清华大学演讲时曾说：“大千世界纷繁复杂，为人处世其实很简单，我的建议只有一条，那就是向‘钱’学习！”

他进一步解释道：“中国古代的铜钱外圆内方，其实蕴含着深刻的为人处世哲理。人生在世，面对打击磨砺，至刚则易折，必须灵活应对，这是外圆的处世技巧。但做人必须有坚守的准则，任外界风云变幻，信念、尊严、骨气这些底线永远不能丢，这是内方的做人之本。”

他认为，缠树的藤长得再高，可一辈子抬不起头来，因为缺少硬骨，风一吹就弯了腰，只能永远让人看不起。激流中的巨石，在水的作用下棱角全无，但内心却坚实岿然，为人处世亦应如此。古语“智欲圆而行欲方”说的就是这个道理。

在家庭生活和个人情感方面，贝聿铭和夫人卢爱玲从一见钟情、喜结良缘，到相濡以沫、白头偕老，一起度过了近一个世纪的美好时光。他们在生活中彼此体贴照顾、工作中相互支持鼓励，恩爱幸福的故事人所共知，曾被欧洲媒体评为“最令人羡慕的世界十大名人神仙眷侣”。

谈到爱情保鲜之术时，贝聿铭自然也有一套与众不同的观点：“从恋爱到婚姻，是一个从雅到俗、从精神到肉体、从量变到质变的渐进过程，恋爱时是心心相印，结婚后则是骨肉相连，婚姻越长久，骨肉分离无法生存的感觉就会越深刻。恋爱时是一见钟情，这个‘情’是激情；结婚后则是日久生情，这个‘情’是亲情，二者有着本质的区别。几十年的婚姻光靠激情肯定不行，当激情消退后，只有亲情才能牢牢维系。夫妻过日子就要像中国的筷子一样，一是要惺惺相惜，谁也离不开谁；二是能同甘共苦，什么酸甜苦辣都能在一起尝，这样的婚姻才能天长地久。”

寄情山水

“离家三里远，别是一乡风。”

早在少年时代，贝聿铭就对游山玩水表现出浓厚的兴趣。

人到中年，虽然工作十分繁忙，但他依然不忘早年的兴趣和爱好，经常给自己一个忙里偷闲的理由，一个人出门，到城郊野外四处走走看看。

和大多数人不同的是，他的目标并不全是那些名山大川之类的名胜景观，而是由着自己的性子，随性所至。

置身于广阔无边的大自然，只要能避开城市的禁锢和俗世的喧嚣，呼吸新鲜的空气，欣赏别样的风光，就算是一座无名的小山、一个偏僻的村庄，都有可能成为他欣然前往的理想去处。

老年时，贝聿铭还是经常外出，投身群山碧野的怀抱，与大自然亲密接触。沐浴着明媚的阳光，闻嗅着泥土的气息，让心灵回归本真，尽享生命的无限乐趣。生活中的烦恼、工作中的压力顿时烟消云散，统统化为乌有。长此以往，既修身养性，也增强体质。

工作可以让人不老

每当有人问及养生秘诀时，贝聿铭总会提到一点，那就是“工作可以让人不老”。

他笑称：“我就是个劳碌命。”

贝老一生专注于他所挚爱的建筑设计，创作出无数堪称完美的经典之作。即使耄耋之年，他也仍然应家乡人民之邀请，从美国回归故里，创作了收山之作——苏州博物馆新馆。

那段时间里，贝老每天扎在工地，有时甚至一直忙碌至凌晨。而他在百岁之后，听新闻、读报纸、看杂志仍然是每天必做之事。

毕生热爱学习、勤于思考的贝聿铭时刻敏锐地关注着建筑行业的新动向，确保在思想和学识方面能够与时俱进，这也成为他永葆创作灵感和艺术活力的重要原因之一。

英国学者培根曾经指出：“停止学习之日，即是开始衰老之时。”

经常工作用脑，对我们的身心健康有着重要作用，对老年人来说更是如此。经常学习、思考，既能活跃大脑皮层，也能促进脑细胞新陈代谢，从而实现思维敏捷、长寿不老的目标。

读书赏乐

读书是贝聿铭从小就有的一大爱好。小时候他常常窝在被子里看书，每每被故事情节所吸引，一看就是大半夜。

广泛的涉猎和阅读，不仅让贝聿铭培养起独特的审美情趣，也给他打下了坚实的文化基础。

艺术从来都是相通的，他之所以能成为一流的设计大师，在一定程度上也得益于之前的博览群书。

有鉴于此，成名之后的贝聿铭经常告诫年轻的设计师要多读书、多学习，注意从不同的层面来提高和充实自己，这样才能在艺术之路上越走越宽广。

除阅读之外，贝聿铭还有一个爱好，就是听古典音乐。小时候，因为母亲吹竹笛，于是他对民乐有了初步了解，也从此喜欢上了音乐。

后来，贝聿铭又开始迷恋西洋乐，当第一次听贝多芬的作品时，他就被深深地打动和感染了，从此便经常出入唱片店，到处搜罗古典音乐作品。

再后来，贝聿铭又养成了在不同场合听不同音乐的习惯。他认为，肖邦的作品更适合在工作场合听，而瓦格纳、马勒等人的作品则适合于消遣和娱乐时欣赏。

贝聿铭（1917—2019），出生于广东省广州市，祖籍江苏省苏州市，是苏州望族之后，美籍华人建筑师。其作品以公共建筑、文教建筑为主，被归类为现代主义建筑；其善用钢材、混凝土、玻璃与石材。他的代表建筑有美国华盛顿特区国家艺廊东厢等。被誉为“现代建筑的最后大师”。

豁达的人生

杨绛是钱锺书的夫人，生于 1911 年，至 105 岁高龄故去。由于她十分低调，所以很少有人能了解这位百岁老人的生活，在这里，我们通过她的文字，来解析一下她的百岁养生之道。

2003 年，杨绛的《我们仨》出版，这本书写尽了她对丈夫和女儿最深切绵长的怀念，感动了无数中国人。

四年后，96 岁的杨绛又推出一本散文集《走到人生边上》，探讨人生价值和灵魂的去向，被评论家称赞："九十六岁的文字，竟具有初生婴儿的纯真和美丽。"

杨绛和钱锺书一样，不喜欢过生日。百岁生日的时候，周围的人都想好好地为她庆祝一番，杨老非常幽默地说："如果有人想要给我过百岁生日，那么就替我吃一碗长寿面吧。"

这是她一贯修养身心的成果。杨老心胸开阔，知足常乐。一个多世纪以来，杨老经历过很多人世变故、天灾人祸，但是她却总是能够本着一种处乱不惊的乐观心态安然度过。

在杨老的生活中，常常有一些小小的满足，比如自己学会了做豆浆，也会让她心满意足，正是这种知足常乐的心态才是淬炼心智、净化心灵的最佳途径。

杨老一生低调是出了名的，她对名利没有任何追求，不善于也不喜欢交际应酬，只想好好地安安静静地写作。

她常常说："我只是一滴清水，不是肥皂水，不能吹泡泡。"

据杨绛的亲戚讲述，她严格控制饮食，少吃油腻，喜欢将大棒骨敲碎煮汤，再用汤煮黑木耳，每天一小碗，以保持骨骼硬朗。

她还习惯每日早上散步、做大雁功，时常徘徊树下，低吟浅咏，呼吸新鲜空气。高龄后，改为每天在家里慢走 7000 步，百岁时还能弯腰手碰到地面。

当然更多的秘诀来自她内心的安宁与淡泊。杨绛有篇散文名为《隐身衣》，文中直抒她和钱锺书最想要的"仙家法宝"莫过于"隐身衣"，隐于世事喧哗之外，陶陶然专心治学。

生活中的她的确几近"隐身"，低调至极，几乎婉拒一切媒体的来访。

2004 年，《杨绛文集》出版，出版社准备大张旗鼓地筹划其作品研讨会，杨绛打了个比方，风趣地回绝了："稿子交出去了，卖书就不是我该管的事了。我只是一滴清水，不是肥皂水，不能吹泡泡。"

钱锺书去世后，杨绛以全家人的名义，将高达 800 多万元的稿费和版税全部捐给母校清华大学，设立了"好读书"奖学金。

杨绛心态超俗，不去争名争利，对待事情自然豁达。这才是她养生之道的精髓。

杨绛（1911—2016），原名杨季康，江苏无锡人，中国著名的作家、戏剧家、翻译家。代表作品有《干校六记》《将饮茶》《我们仨》。

第二篇 有为亦生辉

学习，思考，进取，热爱。
老有所为的乐趣，
那是不负光阴的自由，
亦是与时代同行的脚步。
莫道桑榆晚，为霞尚满天。

养生“一字诀”——忙

在中国漫画界，提起方成的名字，可谓无人不知，无人不晓。拥有百岁高龄的他一生笔耕不辍，绘著各种漫画、杂文集 30 余部，主编了《当代中国漫画选》《世界幽默笑话精品》等。

同时，他也在生活中收获了健康与长寿。回顾其养生之道，可以毫不夸张地说，在很大程度上，与他一生的忙碌和勤奋有很大关系。

忙创作

作为家喻户晓的漫画家，方成曾与华君武、丁聪一起并称漫画“三老”。现实当中，方成的勤奋也为大家所有目共睹，仅其离休之后的作品就达 40 多部。

值得一提的是，在艺术创作上，他匠心独具，将民间传说和古代文学作品中的人物，以中国特有的水墨漫画方式呈现于读者面前，一举让钟馗、济公、鲁智深等一个个妇孺皆知的鲜活形象重新焕发光彩，跃然纸上，妙趣横生。

这不仅成就了他艺术创作上常青树的重要地位，也让其人生更加充实完美、丰富多彩。

方成一贯认为，“忙”既能健身又能益脑，甚至比昂贵的保健品更为难得。

80 多岁时，他还专门创作了一幅漫画，借以表达自己的这一观点。画中，一位老人骑着自行车，前筐塞满了画笔和纸张，后座装着一摞厚厚的书。

他在空白之处题写的打油诗更是通俗易懂，充满了积极向上的生活趣味：“生活一向很平常，骑车画画写文章，养生就靠一个字——忙。”

不难看出，这既是对老先生日常生活的真实写照，也是其积淀多年的切身体验和人生独白。

忙玩乐

工作之余，方成也十分注重生活品质的提升。结合养生方面的见解，他给人们提出了一个很好的建议，那就是要“会玩”。

当年，在《艺术人生》栏目接受采访时，方成曾风趣地坦言：“能写能画当然最好，只是不一定谁都会。我觉得吧，喜欢下棋就到公园去下棋，喜欢养花种草的就去种，喜欢养鸟就养鸟，喜欢找人聊天就去聊天，总之，要有你自己的喜好。如果什么都不喜好，那可就麻烦了。”

每当茶余饭后或闲暇无聊之时，方成总是通过这样那样的活动，想方设法找乐子。要么听听古典音乐，要么看看流行漫画，他尤其是对朱德庸、几米的作品情有独钟。

如其所说："我很喜欢几米的画，那种清新的风格让人很舒服，看完了我能睡个质量高的好觉。"

除此之外，方成还喜欢广交朋友。正如歌曲中唱到的那样，"结识新朋友，不忘老朋友"。

三五好友，相约齐聚，或举杯同饮，或开怀畅谈，或切磋技艺，也不失为生活中的一大快事。

无疑，正是广泛的兴趣爱好，才让他的生活充满了欢快和乐趣。

忙思学

历来，人们都普遍认为，学习与思考不仅有利于大脑的活动，更能促进身心健康。

科学研究也表明：人长到10岁以后，大脑中一种控制高级思维的细胞，每10年大约有10%萎缩死亡，信息传递的速度也随着年龄增大，以10%~20%的速度减慢。因此，人的机体衰老先从大脑开始。

有科学家曾做过一项实验，他们将多名平均年龄81岁以上的老人按勤于思考、思维迟钝、受人管理的标准分成3组。结果第1组的各项指标都达到了最佳，3年后都还健在。可第2组、第3组的死亡率，却分别超过了12%和37%。

刚退休时，方成也想过与世无争、与事无求，进而彻底放松自己。不料没过多久，身体便出现不适。检查之后，才知是血糖偏高所致。

在了解了方成的生活状况之后，医生建议他在今后的生活中，切不可松懈下来。谨记医嘱，方成决定重新投入工作与学习之中，从此恢复了往日勤奋忙碌的生活方式。

他后来有这样的感慨：“我脑子从来不停。很多像我这般年纪的人都老年痴呆了，我还能用电脑写文章。”

忙锻炼

生活中的方成非常注重锻炼。走步和骑车，是他多年养成的两大习惯。每天饭后，他总要坚持在院子周围走半小时左右，几十年如一日，很少间断。除此之外，每天一早，他都要和老朋友们一起到户外做操、打拳。

平日里，一有空闲，他就骑着车子去游玩、赏景。有时，来了兴致，他走街串巷，甚至穿越大半个北京城，蹬上几十里路都不在话下。

骑行之中，方成不但锻炼了筋骨，也启发了灵感、愉悦了身心。

谈到骑车的益处，他自然也感触颇深：“骑车是一种锻炼，想骑就骑，想走就走，上车就有座儿，不像公共汽车，你得听它的，它还得跟你要钱买票，这多不划算。”

后来，他快到九旬高龄时，家人出于安全考虑，对他采取强制措施，没收了自行车。

尽管当时他极不情愿，但无奈还是说服不了家人，他只好以步当车，即便上高层，也不坐电梯。

2010 年时，方老还以 93 岁的高龄应邀徒步参加并完成第十六届亚运会的火炬传递活动。

忙开怀

用“人如其画”来形容方成的性格特点，恐怕再恰当不过。的确，生活中的方成，风趣从容、豁达开朗，时刻都能保持一颗乐观积极、健康向上之心。

正如他笔下的漫画人物那样，个个憨态可掬，惹人喜爱。众人眼中，方成永远都是那么笑容满面、平易近人，很少见其愁眉苦脸。如此秉性，自然能在很大程度上对其身心健康起到一定的帮助作用。

方成有句处世名言常挂嘴边：“遇到烦心事不要找根绳子上吊，而要找瓶酒来喝喝。”

每当有人向他请教这方面的养生秘诀时，他总是在坦然之中自信作答：“我比过去的皇帝强。中国历代皇帝的平均寿命不到40岁，可我都当两届了！而且，虽然皇上吃得好、营养足，但有一样‘营养药’没我多，那就是笑。这玩意儿，任你花多少钱也买不来，我却能自己造出来，自给自足嘛!”

方成还有一个永葆快乐、忘却忧烦的好方法，就是力争做到顺天知命：“每一个人，总难免会遇到种种灾祸。碰到倒霉的事，我心里一点也不难受，一点不着急，因为人生原本就是这个样。”

忙幽默

创作漫画之余，方成也为自己独辟出一条潜心研究幽默的蹊径，几十年当中，共写出了《笑的艺术》《滑稽与幽默》《漫画艺术欣赏》等多部著作。因此，他也是人们公认的“真正懂幽默的人”。

方成认为：“幽默是一种力量，能使人生机勃勃，享受生活乐趣，是创造和谐氛围、促使人与人互相融合的润滑剂。”

现实当中，方成也是以诙谐幽默为秘密武器，玩转人生、滋润生活。别人恭维他“著作等身”，他立马回应：“我没那么矮。”

听到有人说他身体比运动员还要棒时，他立马笑答：“我就是运动员呀，哪一次运动都没躲过去。”

有人问：“你怎么没有白头发?”他说：“白的都掉了。”

有一次，他来到某酒厂，厂长出门恭迎：“久闻大名。”方成机智回礼：“大闻酒名。”

还有一次，他应邀赴宴时，友人向大家介绍说：“这位是我国著名的漫画家，是‘国宝’。”话音刚落，方成就接过话茬补充说：“就跟大熊猫级别差不多。”

方成(1918—2018)，原名孙顺潮，杂文笔名张化。祖籍广东省香山(今中山)市，生于北京。著名漫画家、杂文家、幽默理论的研究专家。代表作品有《康伯》《方成漫画选》《幽默·讽刺·漫画》等。2009年，荣获“中国美术奖·终身成就奖”。

书静心，诗怡情

苏局仙年少时勤奋好学，24岁时考中秀才，但他无意仕途，此后以教书为生。苏局仙任教时间长达46年之久，可以说是桃李满天下。65岁时，苏局仙告老居家，他的身体虽然赋闲下来，心却没有闲下来。他给自己的精神找到了寄托：书法。

寄情于书法

苏局仙存稿两万余首，有《寥莪居诗存》《东湖山庄百九诗集》等问世。1979年5月，上海《书法》杂志举办全国群众书法评比，他以行书《兰亭序》参评。由于笔力稳健、点画扎实、气势连贯，以臻人书俱老，他一举夺魁，时年九十有八，而且身体依然十分稳健，一时被书法界传为美谈。

苏局仙的书法流传至五湖四海，海内外30多家学术机构聘其为顾问，众多墨迹被纪念馆、博物馆珍藏，有的还刻石留史。《中国当代书法家辞典》《当代书画篆刻家辞典》等都将其事迹收录入典。

1982年，上海市人民政府参事室和市文史馆联合为其举办百岁大庆书画展览。

在书法界，苏局仙先生登上了“北孙(墨佛)南苏(局仙)”的高峰。而他传给世人的《长寿三字经》更是让后人受益颇多。

勤操作，多运动

苏局仙先生曾经说过：“人是动物，要天天活动，天天学习和做事，动物就要动，不动便成废物。”

他年轻时就喜欢体育活动，打球练拳，无不在行。在公路上练长跑，他一直坚持到60多岁。

从70岁起，他开始步行锻炼，开始每天几百步，以后日行5000步；80岁后，每天沿河堤缓行2000步，直到微微冒汗止步；百岁以后，仍不忘多运动，户外锻炼力不从心了，便代之以甩手活动和在家散步。

年届百十岁时，他依然坚持在客厅内围绕八仙桌进行走步运动，一圈又一圈，始终坚持不懈。

“勤劳作”则表现在他对书画的理解上。

苏先生说：“书法能长寿。”书法也同文体活动一样，适度进行，有利健康。

苏先生从8岁开始临池习字，百余年乐此不疲。少年时，他临摹颜真卿的《家庙碑》、柳公权的《玄秘塔碑》；年长后，他习练王右军的《兰亭集序》；百岁后，又学起王献之的行书来。

他书写时，指、腕、臂、膀和全身协调配合，将全身之力运于笔端，全神贯注，静心养性，如同打太极一样，既能舒筋活血，促进新陈代谢，又可娱乐身心，寄托精神。

休烦恼，抱乐观

苏先生一生中遭到不少苦难和艰辛，但他从不悲观，而是以苦为乐，笑口常开。

每当碰到不快之事，他采取的方法或是置之脑后，不去管它，或是找小孩玩，寻找童趣，或是照照镜子，反省反省。

苏先生临终前对人讲过这样一段话，从中可看到他的乐观精神："我至今已度过10个马年，历经两个世纪。晚年有幸饱尝了党的琼浆玉液，衣住也十分满意，因之得以保持健康长寿。"

要早起，慎寒暑

苏先生良好的生活习惯，是他健康长寿的基础。

他每天早晨6点起床，饭后，练字、会客、散步。午后，闭目养神一个时辰，接着看报、练字、写诗。晚上八九点钟就寝。

苏先生饮食适量，就是对爱吃的食物也很节制。他平时不抽烟、不饮浓茶，粗菜淡饭，从不偏食。

他一天三顿大米稀饭，早晚稀饭，中午稍稠，每顿定量为一浅碗。清晨吃淡盐汤一碗，晚上黄酒一小盅，夏天必为一杯啤酒，每天往往啜一盅白酒，以舒筋暖体活血。

他喜爱新鲜蔬菜，也略为品尝禽蛋和河鲜。

对于用药进补，他也有讲究："有病则用，用则细心；无病则去，勿信滋补。"

苏局仙(1882—1991)，上海市南汇县周浦镇人，字裕国，室名东湖山庄，苏东坡第二十八世孙。长期从事教育工作。代表作品有《蓼莪居诗存》《水石居杂缀》《东湖山庄百九诗集》《水石居诗抄》。1985年被评为全国健康老人，称"上海市第一老人"。

寿从笔端来

曾思玉将军曾讲过，自己养生的一个重要秘诀就是书法。古人曾有“寿从笔端来”的说法，讲的就是通过书法陶冶情操，参悟人生之道，获得心灵的真谛，从而获得延年益寿的效果。

笔下有乾坤

对于曾思玉而言，书法还有另一个用途，那就是回忆自己的峥嵘岁月。

在战争年代，曾思玉在战场上指挥百万雄兵，但退休之后，指挥军队便已成为历史。

曾思玉通过书法可以继续排兵布阵，那百万雄兵仿佛在曾思玉的笔尖化为一撇一捺，曾思玉可以继续把握“战场”的风云。

需要说明的是，曾思玉是退休后才开始练习书法的退休后，曾思玉四处拜师求学，态度十分诚恳，即使有些师傅年纪比自己小几十岁，曾思玉的态度仍然很谦和。

有时候曾思玉住院检查身体或进行疗养，还会把文房四宝带到病房，他对书法的迷恋可见一斑。

曾思玉不仅通过书法陶冶情操，还通过书法回报社会。1998年，我国长江流域发生大规模的涝灾，曾思玉知道后坐立不安，他直接要求家人把自己的积蓄全部捐给灾区。

几天后，曾思玉听说大连要举办书法绘画的义卖赈灾活动，他积极参加，不顾87岁的高龄早早来到了现场。

这天曾思玉在现场坚持站立两个多小时，一连创作10多幅作品，最后被抢售一空，曾思玉将这部分款项全部交给了大连慈善总会，自己分文不留。

2008年四川发生汶川大地震，97岁的曾思玉听闻后不禁老泪纵横。他回忆起过去：红军长征时经过了这里，当时红军条件很困难，当地人的生活条件也不好，但就算在这种情况下，当地人也送粮送衣，那里都是好人哪！

于是曾思玉立刻捐款捐物，并将自己的墨宝拍卖，以爱心续写自己为国为民的高尚情怀。

垂钓的乐趣

曾思玉还有一个爱好，那就是垂钓，垂钓磨炼了曾思玉的耐心、毅力，这对他的长寿大有裨益。

曾思玉曾经说过，自己觉得最美妙的声音就是钓铃声，钓铃声一响，不仅可以排除烦恼，还能增加食欲，增强免疫力，有利于人健康长寿。

“外出钓具随身带，有空钓起来”是曾思玉的口头禅，也是他钓鱼“生涯”的真实写照。

1985年的一天，曾思玉去大连郊区游玩，偶然看到了一个大水库，他瞬间来了兴致，想要钓鱼。

曾思玉从车上拿下渔具，并要求随行人员到水库办公室买钓鱼票，水库工作人员看老人气度不凡，还有随行人员陪同，于是好奇打听他的身份。

得知老人是开国中将曾思玉后，水库工作人员说什么也不肯收他的钓鱼票。

但曾思玉不肯，他说虽然自己不在部队了，但部队的三大纪律、八项规定自己永不忘记，不会拿群众一针一线，更不能占群众便宜，所以曾思玉坚持付了钱。

1989 年，曾思玉因肠癌住院做手术，出院后经常“消失”，这可把家人急坏了，他究竟去了哪里？

原来曾思玉是去外面钓鱼了，冬钓三九、夏钓三伏，曾思玉通过钓鱼铸造了“铁肩鹤骨”，战胜许多疾病，获得了健康。

一些老部下曾经向曾思玉打听长寿之道，曾思玉笑着说：“我经常垂钓，在这里面我找到了乐趣，心情也好很多，这些很有益于我的健康！”

餐桌上的“铁三样”

据曾思玉身边的工作人员回忆，曾思玉的长寿原因之一是他注意饮食。

他注意荤素搭配、营养均衡，饮食以素菜为主，荤菜仅仅作为搭配。

根据大家的回忆，曾思玉的饭是雷打不动的“铁三样”：早上一个花卷，一碗稀饭和一个鸡蛋。午饭一碗米饭，一素一肉，一碗汤。晚饭一个粗粮馒头，一小碟青菜。

曾思玉认为，病从口入，如果贪食大鱼大肉，那会得冠心病、肥胖病，所以曾思玉一生身材保持在65公斤左右。

他不抽烟、不喝酒，无不良生活习惯，闲暇之余喜欢料理自己的小院，喜欢种些花花草草，再种一些水果蔬菜。

松土施肥、浇水挖虫，不仅活动了筋骨，锻炼了身体，还促进了农作物的生长，最后的丰收硕果反哺了曾思玉。

这些硕果没有化学污染，味道纯正，吃着也放心。

在曾思玉的打理下，院子里几乎成为一座小型植物园。

盛夏的夜晚，曾思玉在院里沏上一杯清茶，摇着蒲扇，在院中乘凉，生活好不惬意。

曾思玉去世不久前曾说过，自由与光明，只有处在长期挣扎中的人才能明白其真正的含义，要保持这样来之不易的成果，这需要数代人的努力。

这位百岁将军给我们带来很大的启示：一个人想要保持长寿，不仅在于形成良好的日常习惯，更要塑造钢铁意志、永不熄灭的信念，这些都是曾思玉在漫长革命历程中的真知灼见，也是不变的真理。

曾思玉（1911—2012），江西省信丰县人，1928年参加革命。1955年被授予中将军衔，曾荣获二级八一勋章、一级独立自由勋章、一级解放勋章和一级红星功勋荣誉章。

诗酒相伴，翰墨留芳

孙墨佛一生以诗和酒为伴，又以笔砚碑帖相随始终。早在年轻时，即被人称为“孙颠三癖”。

诗以咏志

孙墨佛自幼受儒学教育，每日读经、读诗、写字、作文章，有着深厚的基础。后来他笃爱诗词，一生所写诗歌能保存下来者，不下万余首，其中包括七律、五律、五绝、五古等。

在学习古代传统诗歌时，他最为钦佩的是李白和杜甫。

他在80岁时作诗《小引》，自道：“嗜好言情，仰慕别裁别趣；最爱吟咏，私淑诗尽诗仙。”

他的一些诗中，竟有这样的句子：“谪仙醉佛三生侣”“前身合是李青莲”和“李杜诗歌万世师”……

孙墨佛的诗，气势开张，议论精辟，且精心造语，讲究声律，堪为一代诗才。

晚年他常以诗明志，如《蒋城官舍》云：“一官敝履生身轻，休望人人有好评。不树丰碑夸德政，但求无过不求名。”

暮年，写《咏花眼》，他自嘲云：“老来退隐有何能，风味萧然一醉僧。老眼昏花堪绝倒，一杯酒影满天星。”

字以传神

像看待自己的诗词创作一样，孙墨佛对自己的书法亦很自负。

他这样写道：“大笔挥毫妙入神，龙跳虎卧转洪钧。闲翻历史从头看，百岁书家有几人？”

孙墨佛早年习书，取法二王、颜、柳及北碑，后来曾求教康有为，喜临康有为的字，甚至为康代笔。中年转习狂草。

晚年，孙墨佛独钟唐孙过庭《书谱》，对魏晋、六朝碑帖悉习钻研，集诸家之长，自成体系，真、草、隶、篆四体皆能，造诣极深。

孙墨佛还致力于对书法和文史的研究，他研习探究《书谱》所阐书学之论，在此基础上，又不断在习书实践中寻求属于自己的风格。

他为四川成都诸葛武侯祠撰写的“一诗二表三分鼎，万古千秋五丈原”的词联，笔锋奔放不羁，酣畅淋漓，至今为众口称绝。

1984 年，孙墨佛为在日本落成的“中国会馆”题名，深受国外友人赞赏。

他还将自己书写的500余部全文书谱，无偿捐赠给全国各地文化教育部门。

从四五岁开始，直至谢世，他一直未弃笔砚，写了一百年，可谓中国书法史上的一段佳话。

孙墨佛(1884—1987)，原名孙鹏南，字云斋，曾用名孙巍，字尧天，号眉园，别号天舌山人，又名剑门老人。著名书法家。莱阳市穴坊镇西富山村人。孙墨佛著作颇丰，先后撰有《莱阳县补遗诗》《梦书生花馆诗抄》《风雪楼过眼录》等，多是未刊稿。另有自作诗词5000余首，均收入《天籁集》中。

笔耕不辍的长寿砝码

萧克既是一位战将，也是一位儒将。他是唯一一位在红军时期担任过三个方面军领导职务的开国上将，也是唯一一位获得过茅盾文学奖的开国上将。

1985 年，萧克从工作岗位上退下来之后，又取出早在战争年代就开始创作但因种种原因耽搁了 40 多年之久的小说初稿，重新开始修改。定稿后改名为《浴血罗霄》的长篇战争小说经出版后，好评如潮，影响深远，随即在 1991 年获得第三届茅盾文学奖。

文武双修、德才兼备、淡泊明志、宁静致远，用这 16 个大字，大致可以概括萧克将军的养生之道。

钟情翰墨，手不释卷

萧克虽出生在农家，但却是书香门第。在这样的家庭氛围中，他养成了挥毫泼墨和手不释卷的良好习惯。

这些好习惯对于修身养性、愉悦身心，都有着非常重要的意义。萧克很早就喜欢书法，启蒙老师是他的堂哥。

写字时要保持“四正”：心正、身正、纸正和笔正，就是堂哥教他的。

萧克一直坚持按照“四正”要求练习书法，特别是退休以后每天至少练两个小时的字，很少间断。除了练字，萧克对读书也如醉如痴。

上学时，他除学习必修课之外，还大量阅读课外书，常常是一盏煤油灯陪伴他读书到深夜，养成他手不释卷的习惯。后来，无论是戎马倥偬还是繁忙工作中，他都要抽时间读书。

通过坚持不懈的练写书法和海量的阅读，萧克丰富了知识，开阔了视野，坚定了信仰，愉悦了身心，这些对其长寿有着重要的影响。

笔耕不辍，成果丰硕

萧克不仅酷爱书法和读书，他还非常擅长写作，而且他写诗歌、散文、小说无所不能。

最有代表性的作品是，他在战事频繁的环境中创作的长篇小说《浴血罗霄》。那是在红军长征结束以后，萧克基于对红军生活的回忆，产生了创作小说的冲动。因此，到了甘肃省镇原县城外，他便开始了《浴血罗霄》的写作。

不久，抗日战争爆发，他身为八路军副师长，因忙于战事，小说创作时断时续。然而，他但凡有点空闲，就重新执笔。

多年后，40 万字的《浴血罗霄》创作完成。笔耕不辍，不仅激发了萧克的活力，充实了他的日常生活，使他一直保持着积极向上的心态，也为他的长寿增加了砝码。

萧克(1907—2008)，湖南省嘉禾县人。黄埔军校四期毕业。1955年被授予上将军衔。曾主编《南昌起义》《秋收起义》，著有长篇小说《浴血罗霄》及诗集、论文集等。

第三篇
生机之为动

勤奋，快乐，自由，简单。
积极的心态，
迈开的脚步，
是那生命里的万丈阳光，
勤有道，万物生。

运动达人的养生之道

生活中，雷洁琼很喜欢运动，说她是“运动达人”，可谓恰如其分。雷洁琼曾被授予“华夏女寿星”的称号，完全是实至名归。她的健康长寿，跟运动这个习惯息息相关。

运动与快乐相随

《养生要录》里记载：每日频行，必身轻目明，筋节血脉调畅，饮食易消，无所壅滞。

耄耋之年，雷洁琼依然大脑清晰、神采奕奕，让无数人羡慕不已。不少人跟她“求教”，问她养生的秘密。

雷洁琼微微一笑，说：“这都是青年时代运动锻炼的结果。”

年轻时代，雷洁琼就热爱体育运动，每当她看到运动健儿英姿勃发，就感觉精神振奋。她尝试着各项体育锻炼，渐入佳境，更是乐此不疲：篮球、足球、排球、羽毛球，她都喜欢。

酣畅淋漓的运动，青春激情飞扬，满身活力四射，怎一个“爽”字了得？

她不仅喜欢短跑，也酷爱骑行，运动过程中，身边流动的风景，让她心旷神怡，她很享受这个过程。用她的话来说，这样的运动是“短线旅游”。

在美国留学期间，雷洁琼依然保持体育运动的习惯。在此期间，她还学会了骑马、游泳、滑冰、击剑、打网球等技巧。她的生活因此更加丰富多彩，开心快乐如影随形。

“锻炼”与“不锻炼”

100岁华诞，有人跟雷洁琼请教，问她养生保健有什么心得体会。她的回答又是一番“新意”：“不抽烟，不喝酒，不锻炼。”

乍一听，这个观点有点太过朴素；细思量，才发现其中自有深意。什么是智慧的人生？说到底，就是一个不断做减法的过程。减掉冗余，减掉不良嗜好，留下精彩生活。

“不抽烟，不喝酒”背后的意思简单明了，就是跟不良的生活习惯说再见。

而“不锻炼”，并不是说“宅”起来“一动不动”，而是因时制宜，根据自己身体状况进行运动，不刻意、不勉强，自然而然。会做减法，人生舞台才能越来越大。

雷洁琼在105岁的时候，有记者问她：“您现在还锻炼身体吗？”

雷老淡然一笑，说：“上了岁数，我始终遵循一个原则，那就是‘量力而行’，不较劲，活动都是很轻微的类型。”

每当外出视察或者调研，不管是在工厂车间，还是在田间地头，她都喜欢缓慢步行，无形之中也达到了锻炼的目的。

雷洁琼认为，上了年纪，不要去做超出身体允许范围的事情。

严格的自律

雷洁琼的“自律”也是非常出名的，数十年如一日，雷打不动。比如，在饮食方面，她坚持“三不原则”：不挑食，不偏食，不多食。

简单朴素，一以贯之。早餐，小米粥是主食；有时为了调节口味，会用玉米面粥、牛奶、豆浆加以调剂；午饭，基本上都是米粉，或者面条，一小碗即可，吃七分饱，绝不多吃；晚饭，是焖米饭、炒素菜、一点新鲜蔬菜汤。

生猛海鲜，饕餮盛宴，她基本不碰；新鲜水果，时令蔬菜，她情有独钟。一日三餐，她长期保持定时定量、有节有度。

重大节日宴会上，再丰盛、再美味的菜肴，她也不会多吃，并且滴酒不沾。她的体重常年保持在54公斤左右，背后的自律，可想而知。

活到老学到老

雷洁琼一生热爱学习，不离不弃。学习，让人永葆青春、魅力四射；学习，让人快马加鞭、与时俱进。

每天早上醒来后，她并不急于下床，而是先给自己做一套“身体预热操”：用双手干洗脸、干梳头、干搓脖，让身体在预热后“苏醒”。其实，这是调节气血、振奋精神的技法。

做完这项工作，她靠着枕头阅读报刊、文件，安排好当天的工作或者行程。

西汉戴圣在《礼记·中庸》里说：“凡事预则立，不预则废。”长期的学习，让雷洁琼养成了极好的习惯，有条不紊，按部就班；不疾不徐，稳如泰山。

常言道：“人有两样宝，双手和大脑。”雷洁琼指出：“用脑也是一种锻炼。头脑灵活的人，身体其他机能一般也会很好。脑力锻炼是身体锻炼不可或缺的一部分。”

雷洁琼（1905—2011），广东新宁（今台山）人，著名的社会学家、法学家、教育家，杰出的社会活动家，中国民主促进会的创始人之一。代表作品有《雷洁琼文集》。

健康长寿，始于足下

开国中将孙毅把自己的养生之道概括为16个大字：基本吃素，坚持走路，精神宽舒，劳逸适度。

除此之外，他还总结出一些颇富哲理的健身名言，例如："吃苦是福，吃亏是福""腰包无钱，睡觉香甜""健康长寿，始于足下""健康生快乐，快乐生健康""不戴乌纱帽，精神更活跃""境遇休怨我不如人，不如我者尚众；学问莫言我胜于人，胜于我者还多"等。

坚持走路

"走"为百练之本。古人云："竹从叶上枯，人从脚下老，天天千步走，药铺不用找。"

孙毅说："人老先从腿脚老。"

老人只要能走路，就不算老。因此老人要想健康长寿、生活愉快，光靠舒适的环境和丰富的营养是不够的，还要靠走路，更重要的是走路可以陶冶自己的情操，磨砺自己的意志，培养自己克服困难、勇往直前的精神。

所以，孙毅自年轻时起，就靠着一双脚板和顽强的毅力永不停歇地坚持走路锻炼身体。

经过多年的体验，他深深认识到，坚持走路不仅能防病，而且能治病。

他在一次大病后，胳膊和腰都很痛，就每天坚持走路，后来胳膊和腰都不痛了。

早些年他得了脑出血，经医院抢救治疗后，竟然完全康复了，没有留下任何后遗症，连专家都说："真是不可思议。"

孙毅认为这些都应归功于走路，他从中也悟出了生命在于运动、锻炼能抗百病的道理。

孙毅说坚持走路也要得法：一是要有一定的时间，每天要走一至两个小时；二是要有一定的距离，每天要走 5 公里左右；三是要心平气和，心情愉快，不能心事重重，以免发生意外。这样坚持三五年，就会尝到甜头。

退而不休

"老骥伏枥，志在千里。"这是孙毅常说的一句话。

他离休后，欣然担任了京城内外 20 多所学校的政治辅导员或名誉教授，为学校青少年作报告或座谈。

一般在十里路左右的路程，他总是步行前往，两小时的报告，既不休息也不喝水，音量不减当年，全场上下不时爆发出一阵阵热烈的掌声。

1985 年，孙毅在参观雷锋墓和雷锋纪念馆后，写信给总参领导说："看了雷锋的遗物，听到雷锋事迹的介绍，我心潮起伏。他那活着是为了别人活得更美好的思想永远值得我学习。”

1986年，孙毅重返晋察冀军区陈庄等地看望当地群众，密切关注青少年的成长。

当看到山脚下一排排青砖瓦房的学校时，连连称赞老支书说：“你们很有远见，你们现在办学花点钱是很值得的。”

在陈庄中学作报告时说：“我现在80多岁，照样为‘四化’大声疾呼。”

“暮年新甲新征始，愿做春蚕吐尽丝。晚霞红似火，余热可生辉。”他到处作调查、讲传统，在曾战斗过的地方又一次播种精神文明。

许多年来，孙毅不仅奔波在京内，还亲自到大连、沈阳、齐齐哈尔、天津、延安等地的学校、部队作报告，参加青少年夏令营活动，宣传党的路线、方针、政策，教育青少年热爱祖国不怕艰苦、不怕流血牺牲的光荣传统。

勤干动脑

孙毅常说：“老人更要多动脑筋，多学习。脑子用则灵，不用则废。勤动脑能维持思维功能。我喜欢读书看报，看电视，作为关心国家大事、了解社会发展和认真学习提高觉悟的重要课目。我还喜欢练习书法，常写字也是一种锻炼。写字时要全神贯注，形神合一，把全身的气力运到笔端。这时会把一切烦恼是非都忘到脑后，这就不仅达到了练习书法的目的，而且也促进了身心的健康。”

孙毅每天坚持写字两个小时，由于多年来的勤奋刻苦努力，他的字遒劲潇洒，自成一体，进入书法名家行列，是中国老年书法研究会名誉副会长、总参老干部书画协会会长。

他的书法深受社会和军队中许多人，特别是青年人的喜爱，因此，求书者颇多。

老人总是有求必应。有名的“奋斗”“精神”“生命在于运动，锻炼能抗百病”“淡泊明志，宁静致远”的字和题词不知写了多少幅，勉励他们努力学习，勤奋成才。

为纪念毛泽东同志100周年诞辰，孙毅怀着深切的感情，以行草书写了毛泽东同志诗词37首作为献礼，并以《将军的怀恋》编成书法集，出版发行。

孙毅还为北京军区歌舞团上演的《长征组歌》题词：“继承红军传统，高唱长征组歌”，把中国革命历史上一个重要组成部分——长征，当成革命传统教材来教育后代。

孙毅（1904—2003），出生于河北省大城县。1931年参加宁都起义，加入中国工农红军。1933年加入中国共产党。他从事军事教育期间，先后培养出了35000余名军事人才，为中国军事教育事业做出了突出贡献。先后荣获一级八一勋章、一级独立自由勋章、一级解放勋章、一级红星功勋荣誉章。1955年被授予中将军衔。

有热情的生命风情万种

吕正操将军是一位极负盛名的开国上将，他参与过西安事变、热河战争和百团大战等一系列重要战争，为国家做出了卓越的贡献。

他经历了无数的风霜和磨难，却能够活到百岁高龄，被视为一个奇迹。

坚持锻炼

吕正操将军的长寿要领包括坚持体育锻炼、保持平和心态、保持生活规律、不断学习和充满热情。

坚持体育锻炼是吕正操将军的习惯。作为一名军人，他将体育运动和锻炼身体视为家常便饭。不同于其他人，他对打网球情有独钟。

从年轻时起，打网球便成为他生活中的一部分，他总会找人一起打球，享受其中的乐趣。

打网球不仅能够放松精神、丰富生活，还能保持健康。他一直坚持打网球直到90岁。吕正操将军还担任过中国网协主席，是国际网联最高荣誉获得者，可见他对网球运动的热爱。

尽管吕正操将军90岁时在家人的劝阻下放弃了打网球，但他仍保持着体育锻炼的习惯。他开始练习太极拳和五禽戏，通过这些运动来保持身体健康。

心态平和

保持平和的心态是吕正操将军的另一个长寿要领。他非常喜欢一副对联：“宠辱不惊，闲看庭前花开花落；去留无意，漫随天外云卷云舒。”

他总是能以淡然的态度面对生活，用微笑迎接过去的一切。他向往庄子的潇洒态度和老子豁达的人生境地。

他对功名利禄、沧海桑田都能以平和的心态来看待。保持平稳的心态对于健康至关重要。

好的心态就像春意盎然的景象，能够驱散冬天的严寒。吕正操将军相信“宰相肚里能撑船”的原理，他待人接物遵循“三宽”原则，即宽容、宽心、宽怀。

这种心态让他结交了越来越多的朋友，他的心情也越来越好，办事也越来越顺利。

一直学习

保持不懈学习也是吕正操将军的养生之道。

他认为学习本身就是一种养生。学习能够增长知识、提高新陈代谢能力，让人保持年轻状态，充满活力。

吕正操将军在退休后，一直保持着学习的习惯。他迷恋于读书、看报和打桥牌。

他通过阅读来增长知识、开阔视野；通过看报来了解时事动态；通过打桥牌与朋友互动，享受其中的乐趣。

他的夫人提到，打桥牌对健脑有益，这让他深信不疑，并将其视为养生的重要方式。

学习使他内心充实丰盈、生活丰富多彩。

愉悦心情

充满热情是吕正操将军健康长寿的另一个重要因素。内心的热度是健康长寿的真诚伴侣。吕正操将军保持着对生活的热情，不受名利和框框束缚。

他以高度的热情对待生活，这是他美丽人生不可或缺的一部分。有温度的生活才会充满热情，有热情才能让生命焕发出万种风情。

罗曼·罗兰在《米开朗琪罗传》中写道：“有一种英雄主义，就是在认清生活的真相后，仍旧热爱生活。”吕正操将军展现出的热情是和气可亲的，吸引人的真诚。

他常常邀请朋友来家里做客，大家一起品茶论道，相互交流；谈论过去和现在，畅所欲言；一起打牌，享受快乐。这种欢乐的氛围和愉悦的心情有助于人的健康和长寿。

吕正操（1904—2009），字必之。辽宁海城人。1922 年参加东北军，1937 年 5 月加入中国共产党。1955 年被授予上将军衔。代表作品有《冀中回忆录》《吕正操回忆录》《论平原游击战争》。

吃药不如练拳

家住山东省济南市的百岁寿星李静轩老家在山东桓台，作为一位形意拳大师，李静轩享年 106 岁。

那么，李静轩老人的长寿秘诀是什么呢？

一线生机

14 岁那年，李静轩病入膏肓，有一段时间，家人甚至开始准备为他料理后事。

一个偶然的机会，有一个练过武术的师傅被人请到了李静轩的床前。

看着面容枯槁、已病入膏肓的李静轩，武术师傅鼓励了李静轩几句，又教给他几个简单的武术动作，嘱咐他每天练习，必能去病强身。

不甘心就此死去的李静轩，听了武术师傅的话。第二天清早，他真的强撑起无力的身体，照着师傅的指点开始练习起来。

师傅教给他的动作其实十分简单，没有人相信那几个简单的动作能够治好李静轩的伤病。

看着虚弱得走路都打晃李静轩，家人都劝他不要练。

可是李静轩实在，他按照师傅的要求，每天天不亮就起床，几百遍地练起枯燥单调的动作。

一晃半年过去了，李静轩的身体真的慢慢地好了起来。

70 年后，李静轩老人仍然感慨地说，“吃半年药，不如练半年拳”。

早起练拳使得李静轩的生活起居变得规律起来。

他每天早上 4 点钟起床，不管刮风下雨，雷打不动，几十年如一日，从未改变。

为此他还总结出了“三定四忘五行拳”的长寿秘方。

三定就是定时吃饭、定量吃饭、定时睡觉。

四忘就是忘记别人的短处，忘记自己的长处，忘记曾经给予别人的帮助，不忘别人给予自己的帮助。

五行拳就是坚持不懈地按时练拳。

有规律的生活和锻炼，使得李静轩的身体逐渐变得健康强壮起来。

传奇人物

新中国成立后，李静轩在济南针织厂工作。针织厂流传着李静轩的一个传奇段子。

针织厂有一些拉排车的男职工，都是膀大腰圆很有力气的人。有一次两个拉排车的工人争执起来，先是吵后骂，然后就动起手来，在场的人都不敢劝，怕被伤着。

这时候李静轩已经60多岁了，在厂里做会计。他听见打闹之后就从办公室出来，冲到人群中想上前劝架。

有人就说，“老人家你千万别过去，要是碰了一下那可不得了。”

李静轩也不吭气，只见他走过去将两只手搭在两个人的手上，正在打架的两个壮汉就全都动不了了。

李静轩给他们讲道理，一场打斗就这么被一个60多岁的老人给劝开了。

打这事以后，李静轩有功夫的事情就传开了，不少人都慕名来向老人学功夫。

李静轩教他们的还是师傅教给他的那几个动作，有人学着学着就不耐烦了，再也不来了，其实他们是没有悟出李静轩老人功夫的真谛——只要是有规律，持之以恒，才能修成正果。

百岁老人打败壮汉

就在李静轩的孩子们为老人庆祝101岁生日时，有一个一米八高的小伙子要向李静轩老人挑战，想试试老人的身手。

老人笑笑说：“练拳就是为了强身，锻炼身体。”

小伙子执意要比，老人也只好答应了，谁知刚一交手，李静轩老人利用小伙子用力过猛的破绽，一引一推，竟把小伙子推了个仰面朝天。

这个精彩的瞬间被旁人记录了下来，而百岁老人放倒壮小伙的故事也很快传了出去。

李老一向淡泊自守，不与人争。

他身为形意拳名师却绝不张扬，一辈子没跟别人打过架；对来自学生的赞誉之辞，总是非常谦逊，没有邀名之心。

“有麝自来香，不用大风扬”，这是他曾对子女学生们说的话，也是自己所身体力行的。

一位百岁老人真的能把一个一米八的壮汉打倒在地吗？

也许不能。没有哪个壮汉脑子不清楚，真跟百岁老人动力气。

但是不管怎么说，百岁高龄的李静轩还能虎虎生风地施展拳脚，还能在壮汉身上施力气，便是一件了不起的事情。

从大病不起到一百岁后还能虎虎生气，所有这一切只不过是来自有规律的饮食和起居，这就足以说明问题。

李静轩（1906—2012），山东桓台人，系早年山东国术馆理事，曾任山东形意拳、心意拳研究会顾问，济南形意拳研究会顾问。他长期从事形意拳的普及推广工作，培养了一大批学生。被授予“著名形意拳家”称号。

精神乐观，充满活力

著名电影表演艺术家秦怡，在中国银幕上以塑造端庄秀美、温柔贤淑的女性形象著称。年至百岁，她温婉的笑容、红润的脸庞、满头的银发、灵活的身姿，给人留下深刻的印象。

虽然已是期颐老人，但青春的热情依然洋溢在秦怡身上。她的养生长寿之道，值得人们借鉴。

精神上永远乐观

秦怡首先强调的，是精神上要永远乐观。

她常说，人的精神状态不能因为年龄增大而松垮下来，体形也不注意保持了，衣服也拖拖沓沓起来，不仅会给人一种苍老的印象，而且本身的自我感觉也会越来越显得苍老。

她就不是这样，从精神上说，无论在什么情况下，她都尽量保持开朗、乐观。

50 岁时，她就设法保持三四十岁时的精神状态。

60 岁时，她又要努力体现四五十岁的精神状态。

秦怡认为，心态平和是健康养生的基础，一个人只要精神上乐观，就会始终充满青春的活力。

在她看来，心态很重要，遇事要想得开，尤其是在磨难面前，要学会心理调节。

调节得好就能挺过来，否则就可能彻底被压垮。

秦怡说："我先后生过 4 次大病，开过 7 次刀，患过脂肪瘤、甲状腺瘤，摘除了胆囊，还得了肠癌。但我并没有被病魔压倒，反而成功地降伏了病魔，还被选为'抗癌明星'。面对疾病，我始终保持乐观向上的情绪，从而调动了体内的积极因素，增强了抵抗力，病魔的虎威一下子就被压下去。"

动静结合

秦怡养生之道的关键是动静结合，有张有弛。

青少年时代的她喜欢运动，像打篮球、跳平台、吊单杠、爬竹竿这些男孩子的运动她都喜欢。

由于经常参加各类社会活动、艺术活动，还有家务的拖累，秦怡的生活节奏一直很紧张，常年处于忙碌之中。

所以，她必须学会动中取静，在紧张的活动之后，调剂一下自己的神经。比如，静坐下来画一朵花，添几片绿叶，或是找来一本中外名著，读一段精彩章节，以求得动静协调。

秦怡的养生遵从"放松哲学"。

她经常做一做“放松功”，这才是真正的养生之道，忙里偷闲，换回事半功倍的养生效果。

放松功就是把手搁在腿上也好，搁在身上也好，全部松下来，就这样，一点力气都不要，一点劲都不要用，全部放松，自己思想里也要放松。

还有就是深呼吸，深呼吸以后等于在体内给它舒畅一下，气顺了人就舒服了。

形体锻炼

和其他艺术家一样，在进入中老年之后，秦怡尤为注意形体锻炼。她练功的宗旨是：不拘一格，松弛、随意。

她不仅学习了八段锦，还通过电视等途径学习各种健身体操。

谈到自己的养生秘诀时，她微笑着说：“我平时靠散步与快走来锻炼身体，每天平均走上5000到10000步。外出办事时，只要距离不是很远，我一定步行前往，步行是人类最好的补药。”

她每天清晨坚持锻炼半小时，并已形成了规律。

秦怡从年轻时起就一直坚持用冷水洗脸、洗澡。

这一习惯的养成一方面是由于过去外出拍片时，常常没有热水供应，只好用冷水；另一方面坚持洗冷水好处不少，它可充分刺激肌肤，促使体内血液循环加快，使表皮细腻，减少皮肤皱纹，人就显得格外有精神。

60岁以后，“三控制”是秦怡重要的一条养生之道。这指的是控制摄入的油量、盐量与食量。

她从来不吃任何保健品，一日三餐吃好就行了。什么菜上市就吃什么，不挑食、不偏食。

秦怡(1922—2022)，出生于上海。1946年凭借在影片《遥远的爱》中的演出成名。新中国成立后，成为上海电影制片厂演员。20世纪50年代因主演《马兰花开》被中国观众所熟知。1995年，获得中国电影世纪奖最佳女演员奖，2005年被授予国家有突出贡献电影艺术家称号，2008年获选第七届中国十大女杰，2009年获得上海文艺家终身荣誉奖及第十八届金鸡百花电影节终身成就奖。2019年9月，被授予“人民艺术家”国家荣誉称号。

养生“动”起来

2017 年央视春晚上，在“致敬老红军”特别环节，王定国等 5 位参加过长征的老红军和老战士亮相，现场观众和海内外亿万华人还一起为这位老人庆祝了 105 岁生日。

王定国特意带来了为全国观众写的一幅字：红军万岁。她的亲人向记者透露，老人提笔，蘸墨，俯身，深吸一口气，挥动手臂，书法作品一气呵成。

身体要运动

老人为何有如此好的身体和精神？

王老曾透露“秘诀”：“我不会什么保养，每天就是多吃、多睡，不想烦心事。”

王老说，“我一直记着谢觉哉生前常说的‘养生之道’——当勤厌惰，宜成习惯；不急于成功，又不喧噪；心中经常满足，勿生不平之念。对我来说，我只是坚持做到了以下四点：经常动动，活络筋骨；不吃补品，把好进食关；离休后做点自己感兴趣的事情；关键是心态要好，要知足常乐”。

王老所说的“经常动动，活络筋骨”当然是指身体需要运动。

对于一个百岁老人来说，刻意地锻炼身体是不现实的，但老人的一生确实是在“动”中度过的。

王老出生于1913年，20岁那年，她参加了红军，次年就踏上了长征路；离休后，王老积极参与社会工作。

20世纪80年代末至90年代初，随着社会工作量的增加，王老干脆过上了“空中飞人”的生活，频繁地从一地飞往另一地。

有位乘客见她年纪这么大了还乘坐飞机，就好奇地问她：“老太太，您坐飞机去干什么呀？”

老人自豪地回答：“出差。”

勤“动”脑

值得一提的是，王老不仅“动”身，而且“动”脑。

新中国成立后，她曾任谢觉哉的秘书、最高人民法院办公室副主任等职。

谢觉哉逝世后，王老花费了巨大的精力，先后整理、撰写、出版了《谢觉哉传》《谢觉哉书信集》《谢觉哉日记》《谢觉哉评传》《谢觉哉文集》等多部文献共五百余万字。

也许，老人在“动”的同时，未必想到这一切有利于自己的健康长寿。

正如王老的小儿子谢亚旭所说：“她一直想的是国家和社会的

事。如果没有这种强大的信念，她现在的身体也不会那么棒。”

但不可否认的是，“经常动动，活络筋骨”确实是王老健康长寿的主要原因。

做感兴趣的事

王老高寿的另一个原因是“离休后做点自己感兴趣的事情”。

离休后的王老“感兴趣”的事很多，总的说来，是以“关心老战友、关心公益活动、关心国家的生态建设”为主。

1983 年，她重访甘肃时，了解到当年一批滞留在甘肃、青海的西路军失散人员生活困难。于是，王老多次自费到青海、甘南等地走访。她头顶戈壁烈日，面迎祁连朔风，不遗余力地为他们奔走，最终使问题得以合理解决。

20 世纪 80 年代，王老得知长城的某些地区遭到人为破坏，“很多长城周边的居民都拆长城砖盖房子、盖猪圈”。

对此，王老心痛不已，她专门组织人力烧砖，又用这些砖换回长城砖。

90 岁后，王老开始关注国家的生态建设。

她依据自己考察时所了解到的情况，向国家提出许多加强生态建设的合理化建议，得到有关部门的高度重视。

此外，她为保护珍稀树种与古树而呼吁，为熊猫等野生动物的放养而奔走，为中药材示范基地的推广而尽力……

可以说哪里需要，哪里就有她的身影。

按她家人的话来说：一年 365 天，老人有一大半的时间在外参加各种公益活动，而这就是老人“感兴趣”的事。

当然，王老也有她的业余生活。

70 岁时，她开始练书法、写诗歌、习绘画。王老还有一门绘画绝技——口吹画。

“看见别人这么画，我就跟着学，花瓣是画上去的，枝干则是用嘴吹出来的。”其画作可谓风韵独具。

晚年要在微笑中度过

王老曾说：“其实我也不懂什么保养，每天就是多吃、多睡、不想烦心事，生活规律，每天休息时间‘雷打不动’；我胃口特别好，一日三餐吃得不少，但从不挑食，每餐都细嚼慢咽，吃完要活动活动再睡。赶上早晨天气好时，还要出去呼吸一下新鲜空气。”

王老对饮食并不讲究，平时有啥吃啥，但从不吃补品。

据她的家人介绍：老人每天的早餐就是一杯牛奶，一个鸡蛋，再吃些甜点。

如果说有什么爱吃的，那就是老人爱吃红烧肉，爱喝酸奶，喜欢甜食，特别爱吃巧克力。

也许，肉食和甜食对于老人来说，并不是十分健康的食品，但老人对此已然成为一种习惯，一下改掉也并非易事，只能在量上逐步有所控制了。

说起王老的业余生活，老人说：“我现在就是找好玩的事儿。

看电视是为了玩，看新闻好玩，看电视剧也好玩，看体育比赛就更好玩了。”

她还笑着说：“既然笑着愁着都是过，为什么不让自己的晚年在微笑中度过？”

简简单单的一个“玩”和“微笑”，体现出老人对生活的无限乐观。

豁达的人生观

老人的一生可谓坎坷：长征时，雪山的严寒冻掉了她的一个脚趾；25 岁时，敌人的弹片击断了她的腿骨；72 岁时，一起意外的车祸使她脊椎受伤；75 岁时，老人又患了癌症，4 个小时的手术，老人的血压竟然没有下来，也没有输多少血。

手术后的第 2 天，老人醒了，第一件事就是让儿子回家取纸和笔墨，准备画画。

家人希望她休养几天再画，王老说：“躺一个月，伤是好了，但手就废了，我要在运动中让伤口愈合，出院后还要做事情。”

老人的毅力和精神让人钦佩。

在家人的眼中，王老长寿的秘诀，最主要的就是她有一颗豁达的心。此话不假。不过若按王老的话来说，就是“心态要好，要知足常乐”。

确实，有些人经历了艰苦的岁月，但到了和平时期，却为了职务的高低、待遇的差别而争个不休。

王老从不把这些事放在眼里，什么房子、工资待遇等等，她一概不问，组织上安排什么就是什么，一切都随遇而安，知足常乐。所以老人没有烦心的事，这就是她健康长寿的一个主要原因。

王定国(1913—2020)，原名王乙香，出生于四川省营山县。新中国成立后，曾任最高人民法院党委办公室副主任，是第五至七届全国政协委员。2009年9月获评为“双百”人物之一。

太极宗师的长寿秘诀：生命在于运动

有“太极拳泰斗”之称的吴氏太极拳传人吴图南老先生，是一位年过百岁的武林寿星。

他于1884年出生、1989年谢世，享年105岁。

“病秧子”痊愈

据吴老自述，幼时体弱多病，人称“病秧子”。他曾患过先天性肝炎、先天性肺结核、先天性癫痫。

给他看病的大夫说：因为是先天胎里带来的，很难治好，得慢慢调理。后来大夫向家长建议说：“这病光吃药恐难见效，最好配合习武练功。”

于是吴图南9岁那年由家长带到拳房，跟随吴氏太极第一代传人全佑老先生的儿子吴鉴泉一边学练太极拳，一边治病。

学了8年后，吴鉴泉先生又介绍他跟杨少侯先生学了4年。前后共学了12年。

经过10多年的刻苦磨炼，吴老终于健体强身，后以优异成绩毕业于当时的京师大学堂，先后任南京中央大学、西北联合大学、北平艺专等院校教授。

新中国成立后，他曾在北京市文史研究馆任职，并担任中国武术协会委员，北京市武术协会副主席、顾问及中国武术协会委员，长期从事武术研究、教育工作。

他多次参加国家体委主持制定的武术教材审定工作，并著有《吴图南太极拳精髓》一书。1988 年获中国国际武术节“武术贡献奖”。

同时，长期的刻苦锻炼，不但强壮了吴老的体魄，也练就了吴老一身好武功。

学生眼中的太极拳

学生曾撰文记述吴老的太极拳，说：师爷(指吴老)在打手(即推手)上讲着打、劲打、气打、神打四种打法。

有一次学生与师爷交手，竟被(师爷)打得双脚离地飞起来，“砰”的一声，后背撞在两米以外的墙上，然后又滑落到墙根置放的单人床上，呆坐好一会儿才回过神来。

过去有人说“打人如挂画”，他想大概就是如此吧。

还有一次，学生和师爷推手，猛然觉得被一股鼓荡之劲黏得人不由自主地向前倾出，随即又感到被一股轻柔的劲反弹了回来，人“轰”的一声向后飞去，撞到墙上。

不想这里是灰木隔断墙(两层木板和灰)，因惯力太大，墙被撞破，整个人竟镶进墙里，屁股坐到另一间屋里。

大家吓得大叫了起来，一面七手八脚地把我从墙里拉出来，一面忙着找人来修理墙壁。

师爷曾开玩笑说："我除了胡子和眼珠子不能打人，别处都可以。"

生命在于运动

吴老以病弱之躯从小苦练太极，坚持不懈，不但练就了一身非凡的武功，也因此获得了长寿。

吴老生前，有人曾向他请教长寿秘诀，他回答说："生命在于运动。人由少而壮，及壮而衰、而老，这是自然规律。但是我们可以推迟衰老，益寿延年，最好的方法就是体育锻炼。我几十年来的业余爱好就是打太极拳。太极拳动作缓慢，姿势自然，能起到畅通血脉、活动筋骨的作用，只要持之以恒，就能达到祛病延年、推迟衰老的目的。我 9 岁开始习练太极拳，要说长寿秘诀，只一个'练'字，没别的窍门。"

吴老所言极是。我国最早的医学经典著作《黄帝内经》中就曾这样说过："其病多痿厥寒热，其治宜导引按蹻。"

导引就是体育活动，古称导引术。

古代著名医家华佗根据"流水不腐，户枢不蠹"的道理，创造了类似今天体操的"五禽戏"，作为日常健身运动所用。

他的理论是："人身常动摇则谷气消，血脉通，病不生，犹户枢之不朽是也。"可见运动在强身健体和养生上的重要作用。

太极拳运动由中国古老的导引吐纳术结合技击功夫演化而来，

是我国传统武术与养生医学的结晶。

实践证明，作为养生保健的一种方式，太极拳确有其独特的惊人功效。

吴老曾说：“练太极拳，要做到无形无象，全身透空，应物自然，尽胜在命，最后一切外物都不要。”

抗日战争时期，他从上海逃难去西安，尽管一路颠沛流离，空肠饥腹，但他每天清晨要练上一套太极拳。

吴老从 9 岁起学太极拳，至 105 岁谢世，习练几近百年，终成太极泰斗、武林寿星。

同时，他也以自己的长寿，证明了太极拳确有强身健体、益寿延年的作用。

值得一提的是，吴老的夫人刘桂贞，中年时也是疾病缠身，长年打针吃药。她以前不信太极拳能健身，47 岁始方随吴老一起练太极拳，坚持不懈，竟也获长寿，享年 104 岁，为太极拳在养生方面的惊人功效提供了又一例证。

吴图南(1884—1989)，蒙古族人，原姓乌拉汗，名乌拉布，生于北京。其一生涉猎领域甚广，著作甚丰，尤以倡导科学化的国术太极拳、从事太极拳的普及和研究为著。曾担任中国武术协会委员、北京市武术协会副主席等职。1980 年被聘为北京市文史研究馆馆员。被海内外誉为“太极泰斗”“太极拳百年发展史的见证人”。

第四篇

养心忘年谣

健康，淡泊，无忧，无虑
岁月在歌咏，
养老如诗篇，
静享晚年，心存安宁。
安静的心释放惬意的笑。

炼身养心“忘年人”

有人说“北钱南蔡”，“北钱”即是北京之钱锺书先生，“南蔡”便为上海的蔡尚思先生。

蔡尚思老先生年轻时曾师从蔡元培、王国维、梁启超等大家。

在著名的北京大学国家研究所就读时，王国维先生赞他的文章：“具有思致笔力，亦能达其所欲言，甚为欢喜！”

梁启超先生也曾致函，赞扬他的文章：“具见精思，当可成一家言。”

蔡老一生勤于阅读，笔耕不辍，以自己的耄耋之龄完成了很多对学界影响深远的著作。

蔡先生一生的爱好是读书、写书，业余时间注意健身锻炼。作为一位百岁老人，其养生之道也备受人们关注。

蔡先生为何如此高寿？有何秘诀？

炼身，养心

他曾经说：一是炼身，二是养心。对于蔡老来说，炼身、养心都是为他延长学术生命提供条件。

他曾说："文人学者也很需要锻炼健身，以便延长其学术生命，因为学术生命是第一生命，肉体生命是第二生命，肉体生命只是手段，学术生命才是目的。"

肉体生命是为学术生命服务的，而不是为活命的。所以，不要做所谓的文弱书生，而要做业余体育家。这是辩证的而不是形而上学的。

蔡老以自己的勤奋和率真不但创造了学术生命的辉煌，还创造了生命的奇迹，这缘于他苦读不懈的生命动力、淡泊乐观的人格精神和独特的健身之法。

蔡老虽然出身贫寒，但聪明勤奋。

小时候他在私塾时就熟读《四书》《五经》。中学期间，他爱好文史，志向高远，常诵"男儿立志出乡关，学不成名誓不还。埋骨何须桑梓地，人生无处不青山"的诗句以表达其志向。

即使蔡老到了晚年，这种苦读的习惯他还依然保持着。

他在77岁那年摔伤髌骨并动了手术，他躺在床上也未曾中断阅读，在病床上居然通读了500多万字的《船山遗书》。

20世纪90年代，蔡先生已年逾九旬，为了编辑《易经》和查阅墨子的资料，他成为复旦图书馆的常客。

除了中午吃饭，他一坐就是一整天，天天风雨无阻、早出晚归，到复旦图书馆查阅资料。

对于有的资料，复旦图书馆没有，他就到上海图书馆。

他曾当过复旦大学副校长，照说出门可以请学校派小车。可是，他每次到上海图书馆乘坐的都是公共汽车。有的人劝他叫小车，他只是说“不方便”。后来，他动过一次大手术，手臂骨折，但痊愈后，也从未清闲过，不是看书撰文，就是整理旧稿。

2003年，他腿部骨折，住入华东医院。住院期间，他每天也要看《文汇报》，看到他所关注的新闻或文章，就要护工念给他听。

读书写作成了蔡老的生命寄托所在，正是有了寄托，他的生命之河才绵延到了百年。

他常常说：“治学之道，首要的在于多读书。”

“学术思想家一生的学术生命是与肉体连在一起的。没有肉体生命就不会有学术生命，然而学术生命比肉体生命更加重要，学术生命一中断，就等于行尸走肉。只吃老本，也等于夭寿。”

他有一首“自勉”的通俗诗，诗云：如果真正争上游，自当努力向前头；年龄有老学无老，思想不休死后休。

忘年人

蔡先生晚年自称“忘年人”，“忘年人”如同“忘年交”。

蔡老奉行自然的养生法则，他在解释自己的绰号时说，大自然要他活到什么时候，他就活到什么时候。寿长些不喜，短些不悲。

与其记住过去的岁月，不如忘掉它，永远向前看。

“忘年人”的自号表明的是一种顺应自然、顺应天道的生活观念。

这种淡泊乐观的心境也让蔡老一直以来保持一种平凡心态，得享高寿。

蔡老也一直践行着自己的这一自号。

他不喜欢过生日，不好应酬，一生淡泊名利。

90岁时，复旦大学历史系要为他过生日，通知已发出去，他却说不参加，这可急坏了历史系领导。

他说，他曾宣布自己是“忘年人”，报纸、电话、电台都介绍他是“忘年人”，“忘年人”就是忘记自己的年龄，为他过生日，人家不是会说言行不一吗？

独特的健身方法

蔡老之所以能高寿，除了有书籍寄托、心态良好外，他还有自己独特的健身方法。

蔡老和众多的国学大师一样，喜欢游山玩水。

他应邀出席种种学术研讨会，足迹几乎遍及全国各地。

每到一地，有名山，他必攀，有好水，他必游，这种游山玩水的爱好，也让蔡老在大自然中心身都得到了净化。

蔡老还坚持冷水浴50年。他家有一个特制的大陶缸，每天清晨他都要在缸里泡一泡冷水，做各种动作，然后用冷水浇头、擦身。

96岁那年，经家人劝说，他才停止冷水浴，改为早晚在宿舍周围散步。

蔡老每天都坚持散步，从复旦校区经四平路在五角场转一周。晚上开窗睡觉也是蔡老一直坚持的生活习惯。不管春夏秋冬、刮风下雨，蔡老晚上睡觉都要开大窗门，让空气流通。

事实上，开窗睡觉对人体是很有益处的。开窗睡觉对人体来说也是一种锻炼，由于面部皮肤和上呼吸道黏膜在经过较低温度和微弱气流刺激之后，可以促进血液循环和新陈代谢，增强体温调节的机能。

蔡尚思（1905—2008），福建德化人。著名历史学家、思想文化史家。师从王国维，后又拜梁启超、蔡元培为师。曾任沪江、复旦、东吴等大学教授。新中国成立后历任复旦大学历史系主任、副校长，国务院古籍整理出版规划小组顾问，上海史学会副会长，孔子基金会副会长等职。代表作品有《中国思想研究法》《中国文化的优良传统》。

童心、蚁食、龟欲、猴行

于祖望一生酷爱书籍，人称“四书”老人——读书、藏书、教书、写书。

年近百岁时，他虽听力下降，只能靠文字交流，但仍头脑清晰、思维敏捷、视物清楚，还能看书、看报、写文章、批改论文。

他曾说：“上班上至 90 岁，寿年 100 岁。”这个愿望已成事实。于老说，他能高寿，秘诀就在于他的八字养生秘诀：童心、蚁食、龟欲、猴行。

童心

有些老人一旦步入花甲之年，就对周围事物缺乏兴趣，漠不关心，足不出户，不愿意与社会交流，从早到晚闷在家中。

于祖望总结的第一条经验是，老人一定要保持像儿童一样的心态，无忧无虑，生气勃勃，对周围的事物保持一种好奇心，这样能使人保持乐观、开朗的情绪，也是防病健身、延年益寿的首要条件。

蚁食

蚁食有两个内涵：一是像蚂蚁那样，饮少食微，即吃得少；二是像蚂蚁一样，什么都吃一点，即吃得杂。

由于到了老年，消化系统功能减弱，干祖望认为在饮食上要学会蚁食。

龟欲

乌龟以其寿命长，被奉为祥瑞的象征。对人来说，值得借鉴的是它与世无争的胸襟和一无所求的淡泊。

在大是大非面前绝不能做缩头乌龟，但对一般问题，当学乌龟，以静制动，以不变应万变。

干祖望认为，这一招儿是老年人最难学到手的。

因为人老了，脾气性格会发生一定的改变，容易与别人计较，因一点小事都爱争吵，所以应在学习忍让上多花工夫。

猴行

猴子是思想方面反应敏捷、行动方面活泼轻快，终日无片刻之息的具有朝气与活力的动物。

上了年纪的老人一般喜静不喜动，这是一个大忌，所以干祖望认为老人应当要像猴子一样善于运动、喜欢运动。

华佗创造的“五禽戏”中就有猴戏一节：攀物自悬，伸缩卷体，活动自如。

猴行能使身体各部位保持灵活，减缓衰老的进程。但活动一定要在身体的适应范围之内，不能过于剧烈。

干望祖(1912—2015)，出生于江苏省金山县张堰镇(现属上海市)。我国著名中医耳鼻喉科学家，中医现代耳鼻喉学科奠基人之一。临床60多年，执教40多年，从事医疗专业写作50多年。著有《名医名方录》《尤氏喉科》《孙思邈评传》《干祖望医话》等9部专著。2014年，获第二届“国医大师”荣誉称号。

拥有一颗善良、豁达的心

我国物理学家王明贞教授说过，也许她的长寿之道，是拥有一颗善良、豁达的心。

养心

王明贞是清华大学第一位女教授、第一位女物理学家，一生获奖无数，成绩斐然，被誉为“中国的居里夫人”。

从1953年开始，王明贞为回归祖国做了不懈的努力。她是物理学博士，又在雷达研究所工作，参与了二战期间美国的雷达研制，属保密工作，移民局不可能放她回国，于是她毅然辞职。

其实，早在中学时代，王明贞在艺术方面就“崭露头角”，她曾主演莎翁的名作《仲夏夜之梦》，全英文对白，顺畅自如，惊艳全场。

她还在英语年刊担任总编辑，加上身材高挑、容貌秀丽，完全是当时的女神级人物，深受师生们的喜欢。

王明贞巨大成绩的背后，是她孜孜不倦地学习、勤勤恳恳地探索。

同时，学习也是一种“自我保鲜”、一种高级的“养生”方式。

我们常说，文化化人，艺术养心。终身学习，让她思想进步，精神丰沛；终身学习，让她一生优雅，风华绝代。

志同道合，夫妻恩爱，不仅利于工作、益于生活，还是健康长寿的重要因素。

1947 年，王明贞到云南大学担任物理学教授，在这里她遇到了自己的理想伴侣俞启忠。

两人一见如故，相谈甚欢，仿佛是睽违已久的知音。没过多久，他们携手走进甜蜜的婚姻。这时候，王明贞已经 40 岁了。

有人说，好饭不怕晚。好的婚姻来得迟一点没有关系，因为接下来的日子都是幸福拉满。

在祥和的氛围里，在温馨的家庭中，人的情绪会稳定安然，对于身心都是最好的“保养”。

守心

王明贞拥有一颗诚挚的心，历经磨难，依然不变。

王明贞清贫的一生，却无限精彩。长期的教学生涯，让她桃李满天下；不贪名不逐利，让她活得轻松自在。

现实生活中，那些烦恼不堪的人，大部分都是喜欢斤斤计较、不懂知足感恩的人。

王明贞善于换位思考，站在别人的立场上看待问题，自然与人容易和谐融洽。

王明贞有两个做事“原则”，终生恪守：一个是“无愧于心”；另一个是“绝不后悔”。

年轻时“不要怕”，追梦路上勇往直前；年老时“不要悔”，在夕阳下畅谈过往。如此这样，就算得上是美满了。

有人说，一个人最大的幸福，就是和自己喜欢的人在一起，做彼此都喜欢的事。这两点，王明贞都做到了。

王明贞（1906—2010），江苏苏州人。著名的物理学家。1930 年毕业于燕京大学物理系，1932 年获硕士学位。1942 年获美国密歇根大学物理系哲学博士。1955 年来清华大学物理教研组任教，至 1976 年底退休。著作有《布朗运动的理论》。

卒然临之而不惊，无故加之而不怒

周有光经历了晚清、北洋、民国、新中国，是名副其实“四朝元老”。

110岁时，他身体依然硬硬朗朗，除了听力差一些，阅读和表达能力一点也不比年轻人逊色。

快乐自寻

周老早年求学于上海圣约翰大学，1956年由上海调来北京。

上了年龄的周老依然身轻体健，凡是见到他的人，都禁不住会惊讶和赞叹。

周老常说：“我已经退了多年，至今也是退而不休。老年人了解和掌握生物钟现象很有好处，一方面积极支持家庭成员这种生物钟规律；另一方面要把握自己的生物钟规律，充分利用高峰期，多做些有益的工作。低谷期要注意休息，保持心情愉快。老年人切忌孤独，应广交朋友，参加一些力所能及的文体活动；或者与忘年朋友交流思想，吸取青春活力，使老年生活兴味盎然。”

周老还说，持久的小运动常会带来大健康。想练就可以随时随地练，晃晃头、甩甩手、伸伸腿、弯弯腰，一天可少则两分钟，多则五分钟，只需持之以恒。

周老的日常饮食以牛奶、青菜、鸡蛋、豆腐为主，主食吃得很少。

周老说："牛奶是廉价的滋补品，但要坚持常年喝，这样才会对身体有好处。"

每当有人问周老长寿的秘诀，他就拿出一篇多年前自编的《陋室铭》："山不在高，只要有葱郁的树林。水不在深，只要有洄游的鱼群。这是陋室，只要我唯物主义地快乐自寻。房间阴暗，更显得窗子明亮。书桌不平，更怪我伏案太勤。门槛破烂，偏多不速之客。地板跳舞，欢迎老友来临。卧室就是厨房，饮食方便。书橱兼做菜橱，菜有书香。喜听邻居的收音机送来音乐，爱看素不相识的朋友寄来文章。仰望云天，宇宙是我的屋顶。遨游郊外，田野是我的花房。"

悠然自适的心态

除了良好的生活方式及心理上不服老外，悠然自适的心态也是周老长寿的一个重要原因。

常言道"吃小亏占大便宜"，周老说："我是'吃小亏不占大便宜'，你吃亏就吃亏一点，无所谓啦。有些人常常为小事吵架、生气，我认为没有必要生气。"

周老平时的生活就是看书、写文章、跟朋友聊天。

他说："吃饭后一定要睡觉，顺其自然是老年人的养生之道。很多人问我为什么这么大岁数了还能工作，我说也没有秘诀，主要是思想要开朗乐观。"

周老就是总能从苦中求乐的人。所以，他曾经开心地说："中国有句老话，叫作长命百岁。100岁是人的生命极限，我一不小心身处例外了。上帝糊涂，把我给忘了……"

周老之所以能长寿，不仅是因为他深谙养生之道，还与他独特的人生哲学分不开。

他的人生哲学就是"随遇而安"："遇事不怒，顺乎自然，宏观意识"。他还出版了近20万字的《静思录》。

他说过了80岁，年龄就要重新计过，81岁时算1岁。

在当今世界，百岁老人并不鲜见。但百岁以后还在密切关注全球新变化，思考不倦、笔耕不止的思想家，恐怕难得一见。

周有光(1906—2017)，原名周耀平，出生于江苏省常州市。早年研读经济学，1955年调到北京，进入中国文字改革委员会，专职从事语言文字研究。作为汉语拼音方案的主要制订者，主持制订了《汉语拼音正词法基本规则》，同时也成功推动汉语拼音方案成为国际标准。被誉为"汉语拼音之父"。

享受平静，宠辱不惊

罗洪原名姚自珍，1910 年 11 月出生于江苏省松江县一个普通的家庭。

她的父亲是一所工业专科学校的化学教员，经济虽然拮据，但特别喜欢买书和订阅期刊，这些对罗洪有着一定的影响。

笔耕不辍

1929 年，罗洪从苏州女子中学毕业后，就开始在《真美善》杂志发表散文和短篇小说，此后就一直笔耕不辍。

1996 年，已是 86 岁的她，完成了《孤岛岁月》一书。

2012 年 6 月，《上海文学》刊发了她的新作《磨砺》。百岁作家坚持创作并推出新作，在中国的文坛可谓史无前例。

虽然年过百岁，但罗洪还是精神矍铄，行动自如。她的长寿得益于其心境平静，宠辱不惊。这句话对生活中的罗洪来说，并不是过谦之辞。

她曾在《我的养生经》一文中写道："现在养生话题，对中老年颇有吸引力。只是我谈不出。我觉得自己的处世平淡，日常起居亦平常，更以平静的心态面对生活，以宽以待人的态度来与人交往。”

多动脑、多运动

晚年的罗洪过着平静而有序的生活。每天早晨5点起床，漱洗完毕后，准时收听6点的早新闻。她上午读报、看书。

她订有《文汇报》《参考消息》等5份报刊，读一些现代小说。午饭后，小睡几十分钟，一般不超过一个小时。

起床后就要构思写作。她晚年的作品《孤岛岁月》《罗洪散文》就是这样问世的。

她将自己的爱和恨、歌颂和鞭挞写成了作品，为20世纪中国的新文学，留下了自己那颗赤诚的心。

罗洪说，要长寿就要多动脑、多运动。

由于职业习惯，平时坐着看书写作的时间较多，这是一种脑力活动。但对于一个作家来说，脑子要多用，手脚也要多动。

她一生坚持劳逸结合、动静配合，看书写作后，必然要下楼走动。散步是她常用的一种活动方式，平时格子爬多了，就到住宅周围走走，每次要走大约半个小时。

三分饥，不可十分饱

在饮食上，罗洪以清淡为主。

她认为，吃东西要三分饥，不可十分饱。吃太饱是伤身之举，不是养生之道。

平时，她的早餐以泡饭为主，半碗足矣，佐之酱菜，油氽花生。中饭则是二荤一素一汤，或者二素一汤，米饭半碗。晚餐也是如此。

她没有挑食的习惯，排骨、红烧肉、五花肉都吃，但油腻不能太重。

她说："吃得清淡，活得自在。"

她有早晚喝酸奶的习惯，为了养胃也为了睡眠，却没有吃各种保健品的习惯。

平时她以枸杞泡茶饮用，这是因为她平时一直注意用眼卫生，以至于她到了老年依然可以不用戴眼镜看书、写作。

罗洪（1910—2017），原名姚自珍。1930 年开始发表第一篇作品随笔《在无聊的时候》。1949 年加入中国作家协会。她跨越两个世纪的文学写作和编辑生涯，堪称中国新文学百年历程的见证者，是中国文坛最年长的女作家。代表作品有长篇小说《活路》《鬼影》《这时代》《逝去的岁月》等。

第五篇

意趣胜事空

营养，爱好，志趣，德行。
老去应如此，
世态自悠悠，
盈缩之期的福寿绵长，
那是时光撒下的鲜花。

道不外求

孙菊生是国内画猫流派中介于工笔画和写意画之间的重要代表人物，有“猫王”之称。

那么，他的养生之道是怎么样的呢？孙老爽朗地笑了：“哪有什么秘诀，身体好、精神爽完全得益于我的职业。教书、读书、写诗作词、画画让我颐养天年哪！”

读好书，足以养生祛病

孙老说，他的兴趣爱好就是读书，从物理学专著、数学论文、中国诗词、美学理论、西方美术史，凡是他认为有益的书都兴致浓厚地通读。

读书时心安神定、旁无杂念，耳不听外界声响，只静静领会书中意境，继而进入一种“豁然贯通”的特殊境界。

此时，除了感受心灵的宁静、洒脱，对书本之外的世界会全然忘却。读书所产生的宁静状态，是修身养性的最佳境界。

但是读书也应该节制，不宜用脑太过。劳心适度，能劳能逸，才会有益身心，身体才会“毫无衰惫之气”。

绘丹青，将万事看空

孙老从小酷爱书法、绘画，他介绍说，中国各种职业中，以书画家的平均寿命最长。

孙老说，写字作画时需澄心闭息，切不可心猿意马。

精神专一，大脑才能排除杂念，迅速进入一种平静状态。

只有在端正姿势、调心入静、调匀呼吸的前提下，使心息相依、意气相合，最终才能达到意收笔端、抒怀写态、酣畅淋漓、乐以忘忧的效果。

这种创作过程是调身、调心、调息相结合的过程，它与气功有着异曲同工之妙。

尽管孙老平时没有参加体育锻炼，但绘画的过程就是另一种意义上的锻炼。

绘画是最适合人身心锻炼的方法。从事书画创作本身就要求人看空万事，别无他想，无妄念，除私欲。

做不到这一点，往往心胸抑郁，怨天尤人，这样不仅不能修养品性，也难以保持强健身体。

如今有的年轻画家急功近利，把精力过多放在追名逐利上，这样既不利于创作，也不利于健体。

微利必争的人，必抑郁不满，伤肝结气。年岁一高，百病齐出。从事绘画艺术工作，就得有点牺牲精神，要耐得住寂寞，对功名权欲要看得透、个人利益要看得淡、人际关系要看得穿。

达到个人得失不足计、荣辱贵贱不足忧的境界绝非一日之功。

强意志，能经得起风浪

孙老幽默地说："我的性子有点像猫，比较温和，这也是我喜欢画猫的一个原因。"

性格平和，并不是懦弱无刚，不能习劳耐苦，难经风浪。

"我的性格也很倔强。孩子们也知道我的这个倔性子，他们一直让我搬去和他们住宽敞的大房子，我就是不去，我在这儿已经住了 40 多年了，虽然房间不大，条件不怎么好，但多年来什么都已经习惯成自然了。"

意志坚强可以抵御外界的不良刺激；意志坚强可以令人神清气爽，增强抗病能力，维护身体健康。

孙老说："认识我的人都说我意志坚强，到底是倔还是坚强，我也不好说。但我认为真正的君子是能够经受大风大浪考验的人，也必定是个意志坚强的人。"

无定法，随心意养生

孙老特别强调，自己吃得多，睡得香，想吃就吃，想睡就睡，通常睡到几点算几点，没有严格的作息时间，一切随当时的身体状况和情绪而定。

他说，其实每个人都有自己的生命轨道，用我国古代的道理讲，这叫"道不外求""真人在己莫问邻"。

但很多人看不到这一点，跟这个攀、跟那个比，追这个、求那个，往往事与愿违。世上没有什么做法就一定是好，或一定是坏，而应该是看什么情况下好、什么情况下坏，养生如此，万事万物皆如此。

中国传统的养生文化，不是一个技巧，不是一种方法程序。如果把它看成一种方法程序，那么，如果无所得的话就会走偏，有所得的话就只能得到一个小小的局部……谈来说去，关键取决于对问题的深层次认识，把握好“若有若无”的度，而不仅仅是看问题的表象。

孙菊生（1913—2018），字晓湖，别号雪乡翁，北京人，祖籍浙江省余姚市。中国书画名家，是国内画猫流派中介于工笔画和写意画之间的重要代表人物。有“猫王”之称。代表作品有《千猫图》《诗和词的读与写》《诗和词的文艺寻踪与拾遗》等。1936 年获加拿大温哥华画展金质奖，1985 年获法国艺术节金牌奖，1986 年获法国阿菲叶市中国节画展金牌奖等。

不信青春唤不回

梁披云是“大德必得其寿”的长者。他曾经谈过长寿秘诀，就是对任何事物都不会太介怀，知足常乐，随遇而安。

他热衷书法、作诗，数十载临池不辍，近乎气功锻炼，心情舒畅。他的生活，简朴有序，饮食有节，起居有时；在饭桌上，他经常告诉家人，吃饭七分饱就可以了。

开朗和乐观

开朗和乐观是梁老长寿的主要原因之一。

老人98岁那年，有一位晚辈来拜访他，并尊敬地说：“梁老，您好，我来看您啦！”

梁老奇怪地说：“别叫我梁老，你们这样称呼我，一方面觉得你们对我很客气，可是另一方面又很难过，古语说‘老而不死则为贼’，最低限度是老朽昏庸，许多地方过火、糊涂。如果叫我小梁或老梁，我会很高兴的。不唯老，不唯上，记住喽！我还不老，今年才98岁嘛。”

顿时，人们被梁老幽默的话语逗乐了，屋子里充满了欢笑。

有人见梁老如此高寿，免不了向他讨教长寿秘诀。

对此，梁老回答坦然：“做人要难得糊涂，不计较得失，人生的意义并不在于名利。”

1979 年，祖国改革开放的春风吹绿神州大地，令这位年逾古稀的东方之子兴奋异常。他不顾年事已高，毅然来泉州创办黎明学院。

1984 年，梁老又筹资 500 多万元，创办了黎明大学。

为了黎大的创办，对于黎大的办学方针、校址选择以及课程设置、校舍建筑风格等等，梁老都一一过问。

晚年时，他又将自己 300 万元积蓄，全部无偿捐献给泉州黎明大学。

1990 年，为了在澳门普及中文教育，84 岁高龄的梁披云创办了澳门福建学校，指点规划，亲力亲为。

96 岁过后，他依然频频往来于澳门和内地，为家乡教育的蓬勃发展奋斗不止。

古人云“大德必得其寿”，梁老的高寿，不能不说与此无关。

排除杂念练书法

梁老先生高寿的另一个原因是他经常习练书法。在中国的书画家中，长寿者甚多，梁老就是其中的一个。

他的书法不同于常见书家所用的套路。其书作似碑又似帖，有碑的雄浑而无其板硬之病，有帖的飘逸而不流于侧媚。

然书画家为何得以长寿？

这是因为人专心于书画时，能凝神一致，排除杂念，有利于心理平衡的缘故。

此外，在习练书画时，灵活自若地运用了手、腕、肘、臂，从而调动全身的气和力，身上气血自然通融，使体内各部分功能得到调整，由此可见，梁老的高寿与他常练书法也有着密切的关系。

借诗咏志

梁老不仅是教育家、书法家和优秀的新闻工作者，还是一个著名的诗人。从青年时代起，他就借诗咏志。

在他所写的诗中，令他最满意的一首是《黄河晓望》："九曲黄河眼底来，高秋云物晓晴开。长风鹿野声威壮，扫尽千秋万古哀。"

2001 年 1 月，95 岁的梁老还写下了《九五感咏》："人生九五岂寻常，俯仰浮沉祗自伤。许国空余心一片，求仁枉作梦千场。江河浩浩乾坤大，泰华巍巍岁月长。喜对千禧新世纪，高歌一曲向朝阳。"

上海的百岁诗翁葛祖兰曾经说过："我的养生之道和写诗是分不开的，写诗可以陶冶性情，使人的心胸豁达，祛病延年。"

梁老曾为广州的《老人报》赋诗一首："晓日散秋烟，溪山清且翠。凭风览画图，不饮亦微醉。"

梁老常说自己最清贫，这是因为他一生淡泊明志，宁静致远，只做不赚钱的生意。

他没有把时间和精力放在追求世俗名利和增添自己的财富上，

而是几十年如一日地为弘扬中华文化教育事业而奋斗。

然而梁老确实又最富有，他学富五车，著述丰硕，是位饮誉海内外的教育家、诗人、书法家、社会活动家。

有人用“不信青春唤不回”来比喻他晚年时的精神状态，说出了他对人生的乐观心理，可谓一语中的。

梁披云（1907—2010），出生于福建省泉州市永春县。书法家、诗人、教育家、社会活动家。早年就读于武昌师范大学、上海大学、日本早稻田大学。1932年起南渡马来西亚等国，1966年起定居澳门。青年时起即从事文教工作，历任泉州黎明高级中学、荷兰棉兰苏东中学、马来西亚中华中学、“国立”福建音乐专科学校、“国立”海疆学校等校校长，创建黎明中学、黎明职业大学。历任全国政协六、七、八届委员，澳门归侨总会会长、澳门文化研究会会长等。精于国学、诗文，有《雪庐诗稿》问世。1974年创办《书谱》杂志，1984年主编出版《中国书法大辞典》，行销海内外，为书法教育、书法普及做出贡献。在港澳被授予“文化勋章”“中华文化艺术家当代书法大师金龙奖”等。

万物之始，大道至简

在中国画坛有这样一个传奇，跨越了两个世纪，见证了中国画坛近百年的变迁。他的艺术道路百折不回，大道存真，他就是朱屺瞻。

朱屺瞻是我国为数不多的百岁画家。

心安理得地做人

朱屺瞻年轻时体质单薄，曾不止一次与死神打过交道。8岁时，由于顽皮好动，试制土雷爆炸，险些丧命。19岁时，患了心脏病，不得不中途辍学，回家治疗。27岁时，又得了肺病，直到60多岁时还咯血。

可是这一切并没有把他压垮，他以非凡的毅力和独到的养生之道，战胜了病魔，成为画坛的长寿之星。

当人们要朱老把养生术介绍给大家时，朱老笑了。

他连连摆动双手说："我没有什么养生术，更没有什么养生之道。我只知道心安理得地做人、过日子。”

老人平静地谈起人生，他说：“我从未研究过老庄思想，但我相信清心寡欲，随遇而安。我从来不想出人头地，只想淡泊一生，过无拘无束的日子。做事要顺其自然，不要计较，也不要硬来；遇事要心平气和，处之泰然，才能安然无恙，身心舒泰。”

画一画，烦恼少

朱老不仅长寿，更重要的是他一生笔耕不辍，直到105岁仍然在画案上作画。

他说：“我从小捏牢画笔画图，什么心事烦恼都丢光了。人称笑一笑，十年少，开心能百岁；我说，画一画，少一少，宽怀可长命。”

为什么画画能长寿呢？

朱屺瞻认为，作画也是一种运动 。因为手中握笔，不仅要用力，还要运气，一笔一画，都是运足了气力的，一幅画画就，常常要出一身汗，就像打了一趟太极掌一样。

朱屺瞻每次作画前，都要扶着椅子，脚踏一百步，待脚下有了力，气就会从脚底传到丹田，再传到手。

他每天要画一幅画，每次都是站着画出来的。宋代大诗人陆游有诗云：“提笔回顾天地窄，忽然挥扫不自知。”

朱屺瞻也常常进入如此忘我境地，他握笔在手，会觉得胸中有浩然之充盈天地之间，一旦挥毫作画，竟有笔动人不动之感。

他曾经这样形容自己作画时的情景：“回忆运笔之顷，气从脚发，如歌似舞”“在创作得意时，物我浑忘，其乐融融。”作画达到如此境界，自然会青春常驻。

生活的爱好

年轻时，朱屺瞻就养成了步行锻炼的习惯，他在90岁高龄时，依然坚持每天步行约3000步。

他的步行方法是每天下午从家中出发，不快不慢地一走就是两个小时。

他衣袋里还装着一本速写本，碰到有趣的就画下来。他说：“一迈开脚步，我就感到浑身轻松，这是长期锻炼的结果。”

讲起生活爱好，老人说他年轻时迷恋大自然的野趣真景，常去写生，画些野花野草这类不起眼的东西。

后来上年纪了，他就在家中养些生命力特强的绿色小草，相看两不厌，怜之永不弃。

老子说过：“大道至简。”这句话用在朱老先生身上真是极其妥帖。

朱屺瞻的画作多次毁于动乱战火，他的生活贫穷到靠典当救济来维持，但他不为所动，不改初衷，依然故我地迷恋于艺术。

即使声名远播以后，他对名利也看得很淡。

以返璞归真的画笔与积极的人生观去笑面人生，老人真正是一位长寿艺术大师！

朱屺瞻（1892—1996），江苏太仓人。8岁起临摹古画，中年时期两次东渡日本学习油画，20世纪50年代后主攻中国画，擅山水、花卉，尤精兰、竹、石。创作继承传统，融会中西，致力创新，所作笔墨雄劲，气势磅礴，具有鲜明的民族特色和个人风格。历任上海艺术专科学校教授、西画系研究所主任，中国美术家协会顾问。

“一二三四”秘诀

张震将军一生驰骋大江南北，屡经战火洗礼，战争年代曾6次负伤，最终寿逾百岁，实属罕见。

许多人不禁要问：“将军的长寿秘诀是什么呢?”探究其人生轨迹，大致有四个方面值得借鉴。

一是，晚年生活有规律。

张震将军退休后的生活颇有规律，照他自己的说法就是“一二三四”。

“一”为每日做一道高等数学题；“二”为每日早上吃2个鸡蛋；“三”为每日中午喝3杯茅台酒；“四”为每天晚饭后走2公里路。

二是，长年坚持写日记。

从红军时代当小参谋起，张震将军就有一个习惯，即每天坚持写日记。

当天事，当天记；若工作忙，无暇记，次日必补记之。数十年如一日，始终没有间断。

退休后，仍一如既往。哪怕病倒了，就躺在病床上口述，请亲属或身边人员代记。

对于老年人来说，写日记可以练练字，活动筋骨手腕，还能活跃思维，预防老年痴呆。

三是，事无巨细听真言。

在担任军委副主席时，张震将军要求保证士兵一天吃 1 个鸡蛋，并规定必须是煮鸡蛋，炒、蒸、煎均不行。

有人谓如此规定过于死板，将军答曰：“煮鸡蛋营养价值高，还可防止干部偷工减料，克扣士兵的鸡蛋。”

张震至驻港部队某连视察，问连长：“你的手枪号是多少？”

连长支吾。

将军曰：“我当连长时发的第一支枪的手枪号到现在还记得。”

四是，革命家风代代传。

张震将军治军严格，治家标准更严。

他以身垂范，从不计较名利得失，始终保持和发扬党的优良传统和作风，并严格要求儿女，刻苦学习、努力奋斗、廉洁奉公、开拓进取。

张震将军给家人订下数条家规，其中包括任何人、任何时候都不能以他的名义谋钱或谋职。在张震的影响和培养下，4 个儿子均为将军，张震与三子张海阳成为解放军首对父子上将，被国人传为佳话。

严格的家教，使子女们受益匪浅，屡屡建功，所以张震将军能够心态坦然，安享晚年。

对于饮食，张震将军常告诫晚辈，“谁知盘中餐，粒粒皆辛苦”。他非常注重节制饮食，一般仅吃八分饱。

一生戎马和豪爽的性格，让他爱上了喝酒、吃辣椒。但是后来，为了保养身体，他听从了医生的嘱咐，毅然戒酒、戒辣椒。

他的早餐标配是鸡蛋、牛奶，午餐吃半碗米饭、两小盘菜，晚餐适量，吃得很少。

张震（1914—2015），湖南平江人。1930 年 4 月加入中国共产主义青年团，5 月参加中国工农红军，7 月转为中国共产党党员。1955 年被授予中将军衔。1988 年被授予上将军衔。

寄情于书画

一代国画大师晏济元，不仅是当今我国书画技艺之集大成者，而且是我国书画史上的长寿状元，享年 110 岁，堪称当代画仙、一代宗师。

艺苑青松，挥毫百年

中国的书法与绘画，既是具有浓郁民族特色的传统艺术，又是具有延寿功能的养生活动。

自古以来，书法家与画家每多长寿，所以说“寿从笔端来”，晏老可谓其中的代表人物。

晏老出生于耕读世家，7 岁起就随父学习诗、书、画、印，并从此与书画结缘百年，百岁以后仍能挥毫泼墨，可谓书画界的不老青松。

从中医角度来看，习书作画能疏通经脉、调畅气血、凝神静志、调整心理平衡。

而且，书画艺术要求作者在创作时，要头正身直、臂开脚稳、悬肘松肩，以利提全身之气，还要集中精神，保持心正气和，此时，身体实际处于一种内意外力的气功状态。

因而习书作画，能使体内气血畅通，身体各部功能和心理状态得到调整，长期坚持，就有延年益寿之功。

晏老书画百年，早已看透世间百态，笔下蕴含风情万种。

正是百年的艺术人生、长久的书画修养，使晏老能“宠辱不惊，闲看庭前花开花落”；名利皆忘，“漫随天外云卷云舒”。

可见，精于书画是他寿逾百岁的重要原因。

心胸开阔，达观长寿

晏老一生的经历其实非常坎坷，直到晚年才得以安定。他在壮年日斗，恰是旧中国内外交困、动荡不安之时。

于是他怀着报效祖国之志，留学日本，学习科学知识，并在学习之余将满腔热情化为书画作品，加深了对书画艺术的理解。

抗日战争开始后，他不顾艰险，毅然回国，与国画大师张大千一起，多次举办抗日募捐画展，一时被传为佳话。

1949 年重庆解放时，晏老心情大悦，积极响应国家号召，转而作技术工作。

他用学过的科学知识服务国家，业余时间尚研究书画艺术，生活安乐祥和而满足。

20 世纪 60 年代初毛泽东同志七十大寿时，晏老作国画《红日青松》，并题词以贺，毛泽东十分高兴。

1964 年，朱德看到晏老的画作后称赞说“海外有个张大千，国内有个晏济元”，随即推荐他的作品于政协礼堂展览。

宽大的胸怀和恢宏的画卷

正当晏老名声大振之时，孰料一场车祸令他卧床八年。

在这样的艰苦环境中，晏老依旧保持每天作画，以豁达的心态将他人所不能忽之事纳于其宽大的胸怀和恢宏的画卷中。

迟暮之年回首时，晏老笑言：“我的荣辱悲欢，尽在书画之中。”

晏老甚至对造自己假画的人，也心存宽恕：“人不要计较这么多，虽然这是不对的，但也不能砸了他们的饭碗啊！”

也正是因为他有了将一切置之度外的宽大胸怀和达观精神，作品才会愈发气势恢宏，也使他经受住了人生百余年的考验，得以长寿。

晏老自己也曾说过：“其实心态对延年益寿才是最重要的，我每天除画画外，啥都不理，只想些快乐的事。”

1993 年晏老在北京军事博物馆举办画展，引起轰动。

1997 年至 2001 年，晏老的画作先后在香港、上海、汕头、顺德、深圳等地展出，均大获成功。

坚持写生，动以养形

晏老在一个世纪以来，一直坚持以野外写生为创作之本，百余岁仍壮心不已，实属难能可贵。

他写生活动融旅游、运动和环境养生于一体，其实是很好的养生方法。

晏老无论是在求学、旅日，还是颠沛流离之中，只要有空暇，就要外出写生创作。

自20世纪七十年代后期以来，他更是以八十老人之躯，北上北京，南下广州，赴云南、登石林、泛漓江、游三峡，创作了不少丹青巨作。

百余岁高龄时，他还多次到云南玉龙雪山、四川峨眉山、山东泰山写生。他为了寻找最能表现山水的壮丽和气魄的观景点，曾不择路径在山石与树丛中穿行、攀登、观察，以细致体会眼前的山水美景，并携景入画。

旅游怡情，擎登赏景，能调畅气血、和悦情志、锻炼体魄，是中医提倡的养生延年之妙法。

晏老百余岁仍谒金顶、登泰岱，比起南宋大文豪陆游的“八十未满七十余，山巅水涯一丈夫”尤有过之。

老先生畿年过耄耋超期颐，享寿百余年，与此大有关系。

起居有常，饮食资生

长寿老人多有规律的生活，加较为固定的饮食谱，晏老亦不例外。

前几年，他曾先后客居深圳、北京、重庆，但一直保持着规律而闲适有度的生活，这是他长寿的法宝。

每天早晨七点准时起床，四处走动一会儿后，就打理起最爱的兰草，浇浇水，或者将兰叶一片片擦得一尘不染。

晏老的饮食，早晚不沾油腥，以清淡为主，一生不抽烟、不喝酒，平常以咖啡代茶，百岁后仍坚持每天创作一幅书画。

他还很喜欢逛商场，尤其是衣服店和餐具店，兴起时还与儿孙们一起玩耍，以享天伦。

除了书画外，晏老还喜欢收藏国内外各式刀具，把玩刀具的时候，脸上总会洋溢起心满意足的笑容。

晏济元(1901—2011)，四川内江人。曾任中国美术家协会会员、重庆国画院名誉院长、四川省美术家协会副主席、四川省佛教协会副主席、重庆美术家协会副主席、重庆国画院副院长等职。代表作品有《青松红日》《泼墨山水》等。

第六篇
智慧阅光辉

风度，气韵，涵养，容量。

日出东海落西山，

智慧如深秋果实，

优雅如初冬之雪，

那是繁华历尽的智慧，铅华洗尽的豁达。

平衡生活与工作

科学研究者常常身处高强度工作与潜在的风险环境中，不少人因为长时间的投入和身心疲惫，导致健康和生命受到影响。但中国却有位传奇的科学巨匠贝时璋，他不仅活到了106岁，更令人惊叹的是，直到百岁以前，他都未曾进过医院。

作为中国科学院的重要学者，他在生物学领域为祖国打下了坚实的基础。

贝时璋不仅知识渊博，更是一位生活的艺术家，他的人生中充满了丰富多彩的故事与经验。

他坚信平衡生活与工作的重要性，每天坚持运动，饮食健康，并积极参与社交活动，与家人、朋友、学生保持亲密关系。

除了他在学术上的贡献外，他的长寿也成为一个鼓舞人心的事情。

有人认为，贝老是因为拥有一颗对生活、对科研都满怀热情的心，才能健康长寿；也有人认为，他对于生活的态度和乐观精神，都为他的长寿增添了砝码。

更令人敬佩的是，即使年过百岁，贝老的精力仍如少年，他的业余时光仍然忙于编辑和审查学术著作。

而关于他百岁之前的健康秘诀，被很多人好奇地问起。对此，贝老有着自己的看法。

对于长寿之道，贝老总是带着一抹自信的微笑，谈论着那三个简单却深入骨髓的理念：情感的宁静、餐桌上的智慧和活动的节奏。

他坚信，只要真心付出努力，按照这三个理念来调整生活，每个人都能达到延年益寿的目的。

情感的宁静

对贝老来说，精神的呵护比身体的养护还要至关重要。

作为精神与物质共存的存在，人们的情感经历对身心都有深远的影响。

如果内心总是波涛汹涌、忧心忡忡，那么身体也难以达到平静。

贝老在生活中总是以一颗平和的心面对一切，不被失败击垮，不被困境困住，相信总有阳光在前方等待。

更令人佩服的是，他在周围也营造了一个和谐的氛围。

与那些喜欢宁静的长者不同，贝老钟情于热热闹闹、充满活力的场景，特别是那些年轻的笑脸和愉悦的声音，为他带来了源源不断的正能量。

他认为，人随着年岁的增长，思维的敏锐度和逻辑的严密性都会受到影响，如果总是与世隔绝，那么只会加速这个过程。

但如果与年轻一代频繁互动，不仅能感知新鲜的世界，还能在交往中不断激发思维火花，为生活、为科研带来无尽的创意与活力。

在广泛交友方面，只要有共同的兴趣和爱好，就能成为他的朋友。这种宽泛而包容的交友方式使他的朋友圈涵盖各行各业，遍布世界各地。

他与这些朋友们保持着密切的联系，不仅分享知识和经验，还互相学习和支持。

他深信，交友不仅能拓宽视野、增加知识，更能丰富人生，给予人快乐和温暖。

他强调交友的本质是“以人为本”，这种“以人为本”的态度源于对人性的深刻理解。

他相信，若将人放在关乎幸福的核心位置，生命就如一朵花，而个体便是花蕊。

只有在彼此关爱、理解和支持的氛围中，生命才会绽放出最美丽的花朵。

餐桌上的智慧

身体的健康，很大程度上取决于餐桌上的选择。

贝时璋不仅在科学事业上取得了卓越成就，而且在生活方式上展现了健康和朴素的生活态度。

他在饮食习惯上，注重荤素搭配，追求营养和热量平衡，更强调食品卫生。

他的一日三餐简单而规律，摒弃零食和补品，展现了对饮食的科学理念。

贝老深知食物对身体健康的直接影响，因此他对自己的饮食习惯有着近乎严格地把控。

每天清晨，他都会以富含营养的早餐开始，到了中午则是滋补身体的大餐，晚上则是一顿清淡的食物。新鲜的蔬菜和各种五谷都是他最喜欢的食物。

在家庭用餐方面，他对食器卫生极为重视，每个人都有自己专门的筷子，保证了整个家庭的饮食卫生。

这种细致入微的生活细节，为他和家人的肠胃健康创造了有利条件。

活动的节奏

运动对于贝老来说，不仅仅是身体的锻炼，更是与大自然的亲密接触。

虽然贝老年纪大了，但他总是乐此不疲地在田野间劳作，种植花草，享受着与大自然的互动。

他坚信，这种日常的亲近大自然、与土地为伴的生活方式，是他维持身心健康的最佳方法。

然而，即使是贝老这样的长寿院士，年轻时也曾有过一些生活中的小过失。

记得在他 50 岁那年，医生告诉他需要放弃抽烟，否则会对健康有害。

对此，贝老没有半点犹豫，第二天就决定放弃这个多年的习惯。

贝时璋是生物学领域的一位杰出人才，他的一生都是对积极生活态度的最好诠释。

他的养生理念虽然简单，但背后所蕴含的毅力和自律，却是许多人难以企及的。

他用自己的生活，向我们展示了如何过上健康、快乐的长寿之道。

贝时璋（1903—2009），浙江镇海人。1928 年获德国杜宾根大学自然科学博士学位。1955 年被选聘为中国科学院学部委员（院士）。曾任中国科学院生物物理研究所所长、中国生物物理学会理事长。中国生物物理学的奠基人。

健康拘于小节

作为一名科学家，侯仁之为我们留下了宝贵的知识财富；而作为一名普通的老人，他也为我们提供了利于健康长寿的养生之道。

夫妻恩爱，相扶相协

侯仁之夫妇几乎从不吵架，有问题也都及时沟通，在生活方面，侯夫人对侯先生关怀备至，从饮食、服饰、起居等生活点滴细节上，都给予了无微不至的照顾。

晚年，他和夫人更是坚持锻炼，每天散步，在未名湖或燕南园，经常可以见到他们相扶而行的身影。

注重食补，饮食有节

侯仁之老人比较注重食补，平时多吃蔬菜、杂粮和豆制品等，从不大吃大喝、大鱼大肉、过量饮酒。这对老人的健康是非常有益的。

热爱运动，充满激情

在燕京大学上学期间，侯仁之曾获得全校的长跑冠军。他还擅长徒步旅行。

1955 年秋天，侯仁之在北京大学给新生开的入学第一课，就是带领学生从北京大学的西门出发，往西走挂甲屯……边走边为学生们介绍北京的历史和变迁。

侯仁之具有一般人所不具备的激情，这源自他对生活的热爱。而这份热爱最重要的表现形式是他对运动的热爱：他喜欢长跑、游泳、爬山，喜欢旅行和考察。

侯仁之在 80 多岁时，还和师生一起去西北田野考察，与师生同吃同住。

性格豁达，乐观开朗

侯仁之的朋友们认为，侯仁之性格很好，这对他的健康很有好处。

生活中，侯仁之严于律己，宽以待人，“不以物喜，不以己悲”，荣辱不惊，凡事也不计较。

他待人热情，乐于助人。对所有来家拜访的客人，特别是那些慕名远道而来、登门求教的年轻人，他从不摆架子，都是热情接待，从不拒绝。

客人走时，侯仁之夫妇都要将来客送到院门口，不论年纪大小，无不如此，让人感动难忘。侯先生与同事和晚辈相处融洽，也从不生气。

侯仁之(1911—2013)，生于河北省枣强县，籍贯山东恩县(现山东德州平原县恩城镇)。中国著名历史地理学家，中国科学院院士。曾任北京大学城市与环境学院教授、博士生导师。1984 年被英国利物浦大学授予“荣誉科学博士”称号。1999 年获何梁何利基金科学与技术成就奖。同年，为表彰其在历史地理学领域的卓越贡献，美国地理学会授予他“乔治·戴维森勋章”，他成为全世界获此殊荣的第 6 位著名科学家。

大道至简，尽在细微

路志正是首届国医大师、全国中医药杰出贡献奖获得者、中央保健突出贡献奖获得者。他的人生跨越一个世纪，在中医界也是德高望重。

那么，他的养生秘诀是什么样的呢？

不急不躁，安步当车

路志正先生出身中医世家，他天生聪慧，幼年时代就开始接触中医，13 岁正式拜师学习中医，19 岁独立行医。过了古稀之年，他依然看诊出诊，风雨无阻。

他年近百岁，仍然眼不花、耳不背，行动自如。他坚持每周都出诊，是我国出诊年龄最大的中医师。

他常说："临床疗效是中医的生命力。多看病，就是对社会最大的贡献。"

精湛的医术来自他长期的学习实践；专业的水准让他获奖无数。

关于养生保健，路志正先生也有自己的“独到见解”和理论心法。

路志正先生认为，养生的第一秘诀是善良。儒家的“仁者寿”，道家的“上善若水”，核心只有一个，那就是“与人为善”。

路志正先生经常说：“真诚待人，宽厚仁慈，你就始终处于一种祥和状态。”

人在这样的状态下，就像植物沐浴阳光雨露，生命力蓬勃向上，生机勃勃。

路志正先生指出，一个人做事，必须要有计划、有步骤，不急不躁、稳扎稳打是关键。

在行医过程中，他遇到过各种各样的病人，其中不乏年轻人，因为负担大、压力大，总是急躁易怒。

为了美好的明天奋发拼搏，这是可贵的品质，不过不能拼到不遗余力。一个人不管是体力、脑力，还是思想、精力，都是有限度的，严重透支，会对健康极为不利。

路志正先生治病，不仅看疾病本身，还善于探究患者背后的精神因素、心理因素。

不急不躁，是内心平静的象征；安步当车，来自从容不迫的心灵。

动静结合，形神兼备

中医养生中最精髓的一句话，就是“阴阳平衡”。不论是动静结合还是形神兼备，说到底都是对“阴阳平衡”的拓展。

路志正先生认为，人要想获得健康，运动是不可或缺的要素，但必须要讲究一个度，适宜才是硬道理，过犹不及。人在不同的年龄段，需要采用不同的运动方式。

进入老年之后，路志正利用业余时间编创了一套适合自己的“路氏八段锦”，他每天坚持活动，张弛有度，对身体大有裨益。出诊的间隙里，他会抓紧时间“活动活动”。

他指出，多出去活动，以外动四极、内养脏气，才能保持精力充沛、神采奕奕。

晚饭后，他休息一会儿，看看电视，然后出去散步。这个习惯，多少年来雷打不动。

他说：“每天工作一天，用脑太多了，所以脑力要和体力结合，适当运动。”

路志正先生有一个习惯：梳头。

每天早晨起床后、晚上睡觉前，他都要认认真真地梳头，保持10分钟左右。他说这个动作具有不错的养生功效。

人的头部有很多经络，梳头可以有效刺激经络穴位，可以提神醒脑，调节气血。晚上梳头，则易于顺利入眠。

常梳头还能够改善头皮环境，有助于头发生长，让白发变黑。

人的头发黑，看上去就年轻，看上去就有精神，心情就会很好。心情好了，气血条达，健康也就水到渠成。

路志正先生坚持这个习惯多年，他说梳头这个习惯看上去不起眼，却功能强大。

饮食有节，养生有道

在饮食方面，路志正先生不厌食、不挑食、不偏食，他的饮食标准是：以清淡为主，荤素搭配。

他认为，五谷杂粮是健康最好的朋友。每周他要吃两次棒子面发糕，喝两次面茶。食品粗细结合，才能保证营养和健康。

路志正先生最忌讳暴饮暴食，大快朵颐。他说老年人消化能力减弱，要尽量少吃大鱼大肉、高油高盐高糖分的东西。

脾胃是一个人的后天之本，若食无定时，过饥或者过饱，都会对脾胃造成损伤，得不偿失。

中医讲，脾胃损伤，则诸病丛生。

所以说，不管是养生保健，还是治病救人，路志正先生都特别重视对脾胃的保养和调理。

俗话说，十人九胃；俗话也说，病从口入。

很多人生病都跟饮食有关，守住嘴巴，护理好脾胃，是我们每个人的神圣使命，同时也是给自己的健康保驾护航。

路志正先生有个特殊的习惯，即早晨“吃姜”。

他吃的姜，是经过醋泡之后的，生姜里富含姜辣素、姜油，能够健脾升阳、调理脾胃，还可以促进胆汁分泌，帮助消化，延缓身体细胞衰老。

在过去，经常听老人们说，“冬吃萝卜夏吃姜，不劳医生开药方”。醋有活血化瘀的功效，用醋泡过的姜，养生效果会翻倍，每天吃几片醋泡姜，能缓解消化不良和积食等症状。

他的另一个习惯，恰好与之对应，那就是睡前泡脚。

人脚上的经络纵横十几条，睡前用热水泡脚可以促进血液循环，有疏经通络、安和脏腑、改善睡眠的功效。

我们常说“睡前泡泡脚，胜服安眠药”，就是这个道理。

路志正先生还会根据自己的身体情况，往洗脚水中添加一些中草药，比如除湿的花椒、排毒的艾蒿、活血的藏红花、化瘀的益母草等，这样可有效地预防疾病，有助于延年益寿。

路志正（1920—2023），河北藁城人。1939 年 2 月起从事中医临床工作，为国家级非物质文化遗产传统医药项目代表性传承人。擅长中医内科、针灸，对妇科、儿科等亦有很深造诣。2009 年入选首届“国医大师”，2020 年当选为中国中医科学院学部委员，2022 年入选第七批“全国老中医药专家学术经验继承工作指导老师”。

人生难得是从容

马寅初是我国著名人口学家、经济学家和教育学家，曾担任北京大学名誉校长。同时，马老还是一位活到了100岁的老寿星。

虽然他半生处于战乱岁月，但人生的坎坷、命运的多舛，非但没有让其就此颓废消沉，反而更激发起他内心顽强生活的信心和勇气。最终他如愿以偿，实现自己“若无他故，必活百年”的神奇预言。

综观其养生之道，处处都能体现出“从容”，也很好地证实了美国医学教授威迪安特的研究结论：“古今长寿皆从容。”

心态平稳，从容有常

马老一生，无论在什么境遇当中，都能做到镇定从容，遇事不乱。

平时，他对周围之人，不管是亲属朋友，还是同事学生，总是和蔼可亲、坦诚相待，从不呵斥、发脾气。

他说：“愈是在个人遇到挫折和不幸时，愈应该冷静和乐观，体谅和关心别人。”

面对人生的大起大落，他也能做到宠辱不惊、淡然处之。

马老经常告诫人们：“光明的信仰、钢铁的意志、大海的胸怀，是一个人生命力的基因。”“真诚、爽直的人，便极少有内疚、阴郁的折磨。”

由此可见，“猝然临之而不惊，无故加之而不怒”的从容心态，不愧为马老长寿不老的重要因素之一。

冷水沐浴，从容其境

早年在耶鲁求学时，在学校游泳馆里，马寅初经常会见到一位身体健壮的美国老人，他无论寒暑，都坚持用冷水沐浴。

久而久之，当二人相互熟悉之后，这位老人便向马寅初透露了其保养的秘诀，就在于长期坚持用冷水沐浴。

那位老人还热心地教会了他具体的方法：先洗一会儿热水澡，使浑身经脉通畅。然后休息几分钟，再洗冷水浴。

受美国老人启发，马老便从此开始以洗浴来健身。

事实证明，这一方法确实行之有效。在耶鲁那几年，马寅初身体一直很好，从来都不感冒。

这种健身之法，他一坚持就是数十载，从不因外界因素而轻易中断。

他还曾不忘风趣地说：“泼冷水是不好的，但对我倒很有好处。我最不怕的是冷水，因为我洗惯了冷水澡，已经洗了五十年了。”

运动锻炼，从容以和

马老从小就喜欢各种体育运动，他兴趣广泛、爱好诸多，对太极拳、太极剑、骑马、游泳、登山、跑步等样样精通。

从十几岁开始，他就一直坚持锻炼身体，无论刮风下雨，还是冰雪交加，从不间断。

但在这些爱好当中，他最为热衷的还要算登山。

早在美国留学时，他就养成了登山的习惯，不登则已，登则必达顶峰。因此“会当凌绝顶，一览众山小”便成了他登山的终极目标。

从20世纪四十年代开始，马寅初便每天一路小跑，到山上的云顶寺做操锻炼。

20世纪五十年代，马老兼任许多重要职务，工作繁忙，但每到一地，他都首先打听附近的地势山脉，以便每天早起爬山锻炼。

年过古稀后，马老就在自家的院子里溜达，每日坚持走3000米，还特意用一个小本子记录走过的圈数。

后来他记忆力衰退了，便在衣兜里装上50粒豆子，每步行一周，便取出一粒装入另一个兜里，直到豆子移尽为止。

就算年逾古稀，不能登山，他也不忘坚持走步锻炼。

86岁高龄时，马老右腿突然瘫痪，他就在房间里用双手扶着茶几，步履艰难地转上几百圈，地板上被拖出一条很宽的痕迹。

后来，他的左腿也瘫痪了，便坐在轮椅上活动两个上肢。

有一次外面下着细雨，护理人员未推他外出。他呼喊着要出去："下点小雨算什么，大风大雨也要锻炼。"

他认为，环境越是恶劣越要坚持锻炼，只有保持强健的体魄才不会被困难压垮。

生命不息，锻炼不已，马老的这种热衷运动、注重锻炼的精神值得我们学习和借鉴。

规律生活，从容有道

生活中的马老，无论干什么事情，都显得从容不迫，有条有理，极富规律性。而且几十年如一日，不管境遇如何变幻，他都一如既往、严格遵守。

他每天按时起居作息，不熬夜、不贪睡。该吃饭时吃饭，该锻炼时锻炼，该学习时学习，该工作时工作，顺境如此，逆境亦然。

马老的饮食方面以素淡为主，杜绝荤腥，不挑拣，不讲究。平时不抽烟、不饮酒、不喝茶，唯独对喝牛奶情有独钟，始终未变。

他一日三餐准时准点，每餐七八分饱即可，从不暴饮暴食，也从不吃零食和补品。但对新鲜蔬菜和水果，他却喜爱有加，来者不拒。

他每天早晨必食燕麦粥，将50克燕麦片放入250克开水中，煮两分钟，再冲一个鸡蛋花，慢慢吃下。

此外，马老还一直喜欢吃新鲜蔬菜和水果，甚至每周有两天以水果代餐。

从容良好的生活习惯，让马老不仅每天都有旺盛的精力，而且也保证其头脑时刻清醒、思维灵活，可以积极高效地投入工作。

动脑延寿，从容奋斗

马老一生学习、工作十分繁忙，勤于用脑，悉心研究，坚持写作，不断发表论文和出版专著。

英国某神经生理科学家研究认为，人脑开始工作越早，持续时间越长，脑细胞老化的过程就越慢，人的寿命也会越长。

1972 年，90 岁高龄的马老被查出患有直肠癌，经过两次手术治疗，很快康复，一直活到 100 岁，创造了医学史上的奇迹。

马老对自己的养生要诀总结了五句话："吃食素淡，心境开阔，坚持锻炼，若无他故，必活百年。"

马寅初(1882—1982)，字元善，中国经济学家、教育学家、人口学家。浙江嵊县(州)人。曾任华东军政委员会副主席、北京大学校长、浙江大学校长等职。中国科学院哲学社会科学部委员。他一生专著颇丰，特别对中国的经济、教育、人口等方面有很大的贡献，其著作《新人口论》影响深远，有当代"中国人口学第一人"之誉。2019 年，被评为"最美奋斗者"。主要著作有《经济学概论》《资本主义发展史》《我的经济理论哲学思想和政治立场》《新人口论》《马寅初经济论文集》《通货新论》等。

第七篇
万象心自宽

正冠，自宽，豁达，尽欢。
包罗万象的胸怀，
兼容并蓄的品格，
于精神矍铄里跨越时代，
在春华秋实中丰收晚霞。

仁者大爱，必得其寿

当有人问张金哲院士为何能如此长寿时，他笑着说：“首先要把耳朵弄得聋一点，让它听不进烦心的话；其次是把胃切得小一点，不能让它容纳那些乱七八糟的东西。”

这位百岁老人，就这么轻描淡写地把他患有老年性耳聋和做过胃大部切除手术的情况一带而过。

养生之道

2018年，张金哲在98岁时，说起养生之道，将心得总结为三条：长寿有目的，生活要节制，疾病需预防。

此前，张金哲院士在其著作《院士自述》中用四句话概括了自己的修身之道：“一生努力，两袖清风，三餐饱暖，四邻宽容”。

他认为，一个人若能踏踏实实地做好本职工作，少欲少求，对他人多些宽容，就可心情舒畅、身体健康、延年益寿。

张金哲院士把金钱看得很淡。行医近70年，他从未收过一次红包，而且经常到天津儿童医院义务出诊和讲课，不收取任何酬劳。

在北京医院小儿外科，张金哲院士和其他几位教授把自己的一些书稿费捐出来，专门用于救助家境贫困的小患者。

一位家境贫寒的“一穴肛”小患者，在小儿外科共做了 10 余次手术，其住院费和手术费大多是从这笔捐款中拿出来的。

爱孩子的大夫

张金哲院士说：“好的儿科大夫必然是爱孩子的大夫。”

张金哲是中国小儿外科创始人之一，直至90多岁高龄仍然躬身临床为小儿解决病痛。

行医多年，张金哲院士对患儿呵护有加，凡遇患儿问诊必先起身，将听诊器焐热再轻放在患儿胸前。每逢患儿哭闹，他就像魔术师一样从白大褂口袋里摸出小物件吸引患儿，待孩子平静后再行诊治。

在临床上，他不仅从治疗方面为患儿着想，而且从愈后、经济承受能力等方面设身处地为患儿着想。

他认为，若能用最简便的方法、最便宜的药治好孩子的病，才算是优秀的儿科医生。

在平时，张院士的上衣口袋里总装着很多打印好的小便条，这些便条上清楚地写着各种儿科病的症状、治疗要点和注意事项。在为患儿诊治疾病时，他会把这些小纸条交给患儿家属。

他说，让患儿家属了解相关的疾病知识，掌握护理患儿的要点，往往有助于显著地增强治疗效果。

面对目前紧张的医患关系，他指出，以礼待人是人们在小学阶段就应该养成的基本道德素质。

如果现在医院的院长还把以礼待人作为一条医德规范专门提出来，对临床医生的要求就太低了。医德应该是更深层的道德行为准则。

张金哲院士还常对他的学生说，对于医生来说，最高的境界就是尽心尽力地把病人的病治好。不管医生的水平有多高，也要牢记自己是个服务者。

健康在于锻炼

张金哲院士说："生命在于运动。我如果早早就停止了紧张的工作，可能就不会这样健康了。我坚信，今天能做的事情，明天还能继续做。"

正是凭着这种信念，张金哲院士在 80 多岁时还每天骑自行车上班，在 6 楼的诊室出诊。

后来，他不能骑自行车了，就买了一个健身单车在家中进行锻炼。每天吃完晚饭，他就一边看电视一边骑单车进行锻炼，每次锻炼一个小时。

再后来，他仍然坚持去医院上班，而且一忙就是一天，直到很晚才回到家中。

常动脑，勤动手

张金哲院士说，他有一个比较好的习惯，就是常动脑、勤动手。这是他得以长寿的重要原因之一。

张金哲院士喜爱画画，而且画得非常好。他说，画画帮了他不少忙。

在编写医学书刊时，张金哲院士经常要在其中搭配专业性很强的解剖图谱和治疗图谱。如果请画家来画这些图谱，往往需要很长的时间才能画对。

于是，张金哲院士索性自己画这些图谱。他画的“专业画”内行人一看便知，非常实用。

张金哲院士的一本英文著作《中国肛肠外科学》中所有的图谱都是他自己画出来的。

张金哲(1920—2022)，出生于天津。小儿外科学专家，中国工程院院士，首都医科大学附属北京儿童医院小儿外科主任医师、教授、博士生导师，北京胡亚美儿童医学研究院终身名誉院长。

顺其自然不刻意

“我没有什么养生之道，一切顺其自然，养生不要太过分，不要太刻意就行。”盛志勇院士谈到养生之道时如是说。

饮食有节

生活要有规律。“有的老年人这也不敢吃，那也不敢吃，其实这反而对身体不好。我是肥肉照常吃，人是杂食动物，需要多方面的营养，所以老年人不要太限制饮食。”

盛志勇说，人年纪大了容易出毛病，只要注重每年的体检，能够及早发现问题就可以了。

八九十岁什么病也没有，老眼不昏花，这当然是最好不过了，可这样的人比较少。老年人往往会逐渐出现代谢病，如糖尿病、高血压、高血脂。

“我五六十岁时就戴上了糖尿病‘帽子’，还曾做过疝气修补手术、胆囊切除手术，心脏里还放了 5 个支架。但我从来没有把自己当成病人。人老了有些慢性病很正常，这并不一定意味着日常生活中非要把自己像病人一样对待，要学会自我调整，才能使老年慢性病生活正常化。”

盛志勇的日常生活非常规律。

他每天晚上保证 6 个小时的睡眠，午饭后会看看《参考消息》，然后午睡半小时后再去上班。

晚上临睡前要看一段英文小说，“各种各样的小说我都爱看，主要爱看侦探小说，有利于刺激大脑，可以保持一颗好奇心，使心态不老。”他说。

在饮食上，盛志勇的原则是“有节制，但不挑食”，而这种习惯是他在幼年时期就已经养成的。

12 岁时，盛志勇就开始在学校寄宿、吃食堂。后来，他两次到山西、陕西边远贫困山区参加农村医疗队，和老百姓一起吃菜团子、喝玉米糊糊。

“现在虽然条件好，也不能挑三拣四，家里做什么，我就吃什么。”盛志勇说，他从来不乱吃什么补品或营养品。

童心未泯

保持一颗好奇心，也是盛志勇永葆青春心态的秘诀。

盛志勇从小爱好运动，乒乓球、足球、网球、游泳、跳绳、踢毽、双杠，他不仅样样喜欢，而且一学就会。

“什么事，我都喜欢自己动手试试。”

小时候，他见父亲用剃须刀刮胡子，趁父亲不在时他也拿起来在脸上刮，结果把左手食指划了一个大口子，鲜血直流，他也不敢声张，自己按住止血，还好，几天后伤口愈合了。

直到现在，在他的左手食指第二关节处还留有一道伤疤。

他在中学时对化学非常感兴趣，化学成绩在全班也最好。有一次他在家做电解实验，用的是漆包线，由于不绝缘差点被电死。

后来，他在华山医院实习时曾荣获跳绳冠军，同学们还送他一个外号——“猴子”。

回忆起这些往事，盛志勇笑得像个孩子。

也正是从孩提时就形成的这种凡事都要探个究竟的性格，为他日后在医学生涯中创造的一个又一个“第一”奠定了基础。

兴趣广泛

盛志勇的兴趣爱好也非常广泛。

小时候他喜欢逗蛐蛐，养虫子，养小白鼠。“我在小白鼠的笼子里装了个圆形的梯子，常常痴迷地看着小白鼠爬梯子玩。”

参加工作后他喜欢上了集邮，只要能看到的邮票他都愿意收集，包括清朝的大龙邮票，德国的100多万马克的邮票，他都有收藏。

盛志勇也很喜欢欣赏音乐，特别喜欢西方的男高音和歌剧，如《茶花女》《蝴蝶夫人》等。

他喜欢收藏外国古典音乐磁带、CD唱片。买不起新唱片他就到旧货摊上去淘，世界四大男高音的录音磁带和CD唱片他都有。

他还喜欢乐器，最喜欢吹口琴，曾专门拜名师学过，不过后来就不再吹了。

盛志勇的书法更是遒劲秀婉、潇洒豪放，每每繁忙的工作间隙，他常常挥毫泼墨，调养身心。

“人老了要有点兴趣爱好，这样心态才不会老。”盛志勇说。

工作不息

按照常人的思维，盛志勇功成名就，可以子孙绕膝，安享晚年了。

可他仍然是那样忙碌，一刻也不肯放慢奋进的脚步。

除了外出开会，他每天都按时到办公室上班，周末回家还要带上“家庭作业”——杂志社让他审改的英文摘要和学生们请他帮助修改的论文。

他就像一颗旋转的陀螺，一刻也不肯停下探索的脚步。

作为我国烧伤医学的奠基人之一，他对我国烧伤及未来创伤救治、年轻人才的培养非常关心，经常以多种形式给领导和相关部门提出自己的想法和建议。

“工作是盛老最好的养生。”我国著名烧伤专家陈壁教授曾这样评价盛志勇。

在盛志勇行医65周年之际，我国著名神经外科专家王忠诚院士赋诗祝贺：“山岳难当天马踪，不为私利不为名。老当益壮今是也，松柏常绿水常青。”

我国著名手外科专家王澍寰院士挥毫题词：“誉满寰宇多建树，老骥伏枥志不移。”

盛志勇（1920—2024），出生于上海，浙江德清人。中国工程院院士、烧伤外科专家，全军烧伤研究所名誉所长，解放军总医院第一附属医院（原304医院）专家组组长。先后获得国家科技进步一等奖2项、二等奖5项、三等奖4项。23项科研成果荣获军队科技进步一、二等奖，荣获其他奖24项。获得全军保健工作终身成就奖。

心态决定一切

究竟应该怎样养老?

每个老年人都有各自不同的计划和安排，但有一条千万不要忘记了，那就是“乐观”是养生的唯一秘诀。这种乐观，伴随了阿丽米罕·色依提老人的一生。

1886 年 6 月 25 日，阿丽米罕·色依提出生于新疆疏勒。阿丽米罕·色依提见证了清王朝的破灭和新时代的到来。

热爱生活

阿丽米罕·色依提是我国的第一寿星。

热爱生活是热爱自己的第一步。试问一个连生活都不热爱的人，一个连生活中的美好都不捕捉的人如何能好好地善待自己呢?

阿丽米罕·色依提十分热爱生活，她的这份热爱表现在生活细节中的方方面面。

阿丽米罕·色依提是个闲不住的人，她这一生都在做着农活，即使后来年纪大了，家中的孩子不允许时，她依旧偷偷地操持着家中的家务。

阿丽米罕·色依提虽身体健康但她的左腿有伤病，走起路来十分不便。但老人是个闲不住的性子，老人没事干的时候喜欢到处串门，与街坊邻里聊天谈心。

老人在唱歌方面也是一把好手，她的歌声悠扬动听，歌声中透露的淳朴的感情使人流连忘返。

她还会边弹边唱，兴致高时甚至还会随手拿起身边的吐塔尔开始即兴表演。

心态决定一切，内心积极向上的人往往比内心充满负面情绪的人更长寿。阿丽米罕·色依提的长寿秘诀便是以乐观的心态看待生活中的所有问题。

1903 年，17 岁的阿丽米罕·色依提与同村的小伙图尔迪·如孜结婚。婚后二人过着蜜里调油的幸福生活，物质上的匮乏并未破坏二人积极生活的状态。

阿丽米罕·色依提一直很喜欢小孩子，她十分渴望拥有一个属于自己的孩子，可惜天不遂人愿，婚后数年二人一直没有孩子。

但这丝毫不能打击阿丽米罕·色依提乐观的心态，她笑着接受了不孕的事实。

在征得丈夫的同意后他们收养了两个孩子，分别是一个男童和一个女童。

令人惋惜的是，阿丽米罕·色依提的养子于 36 岁时不幸离世，不过她的养女如今仍健在。

饮食清淡

当阿丽米罕·色依提成为世界上最长寿的人时，许多陌生人前来拜访老人，希望可以通过观察老人的饮食来获得长寿的秘诀。

老人的饮食结构和常人无异，最大的特点无非是清淡了些。

阿丽米罕·色依提喜欢吃面食和肉类，偶尔嘴馋时她还会拿家中的少许麦子到市场上换凉粉吃。

老人喜欢吃瓜果蔬菜，最喜欢吃的一种水果是又酸又涩的青杏，这种水果一般常人难以下咽。

还有一处奇特地方，阿丽米罕·色依提一家都不喝茶，他们喝的水大多数是井水。

在早些年，阿丽米罕·色依提家中还未建井时他们喝的水是从河中挑回来的河坝水。

老人一生习惯了喝凉水，即使在冬天身体也早已适应了凉水的温度，所以老人一年四季都喝凉水也从未有拉肚子的事件发生。热水对于老人而言是难以下咽的“毒药”。

阿丽米罕·色依提的生活十分规律，讲究“日出而作，日落而息”，后来她年纪大了虽然不用再继续劳作了，但依旧一直保持着这个习惯。

老人在每天上午五六点起床，做完礼拜后老人开始吃早饭，一般早饭都是泡囊之类的简单面食。

中午 12 点到下午 1 点，老人会吃午饭，午饭多为面食。晚上也比较简单，一般是汤面或白菜汤。

老人下午时有加餐——各种水果。阿丽米罕·色依提的胃口十分好，最多的一次她一顿吃了十几个肉包。

从阿丽米罕·色依提身上，我们可以学到很多健康的秘诀，那就是适宜的生活环境、良好的生活习惯和积极乐观的心态。

阿丽米罕·色依提(1886—2021)，新疆维吾尔自治区疏勒县库木西力克乡拍昆吾伊拉村人。从2010年起，已经连续三年荣获中国老年学学会公布的全国十大寿星排行榜第二名。

长寿是“能源转换”

陈纳逊的一生比较平稳，他学有所成，事业光辉，生活美满。

从养生学和长寿学的角度分析，他的长寿得益于研究的生物学专业，这门学科给了他很多有益于健康长寿的知识。

从家庭因素分析，他的长寿得益于有一个美满的家庭，尤其是夫人沈雪贞对他恩爱体贴、关怀备至，与他相伴 70 多年。

当然，他的长寿更得益于他懂养生、会养生。

万事保持平衡

他把自然科学有机地融入生命科学，并运用到自己的生活中。

他在众多的综合因素中找到自己最佳的工作方式、生活方式、生活习惯。

他曾把自己的长寿秘诀总结为这样几个字——“能源的转换”。

简单来说，就是一种让心理、生理和日常生活保持平衡的方法。

他的养生格言是："凡事忍耐；心情宽容；加强按摩；血脉流通；重视环境；预防意外；脑体并用；老而不衰。"

陈教授开朗乐观，他一生全身心从事教育和科研事业，与世无争，也不愿意卷入世事纠纷中。

遇到不称心、不愉快的事，他总是想得开，调整好自己的情绪和心态。他特别注意学习吸取新知识，用新观点、新理念、新方法解决自己的心理矛盾。

他常对人说："老年人要保持良好的心境，就要做到脑勤、眼勤、手勤、足勤；重点抓脑勤，大脑思维好，心情好，就能有效地控制各种激素释放，调节心理平衡。"

陈纳逊先生说，想要健康长寿，心态是关键。

人活着要有三种心态：年轻心态、平和心态、乐观心态。

年轻心态，就是与时俱进，善于学习；活力四射，勃勃生机。平和心态，就是不疾不徐，戒骄戒躁；海阔天空，云淡风轻。乐观心态，就是满怀希望，信心十足；热情洋溢，昂扬积极。

好奇之心永不老

陈纳逊先生爱说："生命在于运动，脑筋在于多用。多用脑、勤思考，好奇之心永不老。"

在他看来，人生就是一个不断学习、不断发现、不断创造的过程。对生活保持新鲜感、好奇心，就会头脑灵活，有益健康长寿。

他每天都要认真读书、精心做笔记，对于优美经典的诗词歌赋，他还要求自己背诵。无形之中，这就给自己的大脑做了“保健操”。

他还喜欢跟别人探讨、交流、沟通，敏捷的思维，灵活的反应，让他说起话来舌灿莲花、滔滔不绝，大家竟都看不出他是百岁老人。

走路与动手

进入老年阶段，陈纳逊先生最喜欢的一种运动方式就是走路。

走路，不仅能够强身健体，改善心血管系统，降低高血压、心脏病的发生概率，还可以激发胃动力，增进食欲，帮助睡眠。

长期的坚持不懈让他精神矍铄、活力充沛，也是他延年益寿的重要法宝。

陈纳逊先生喜欢“动手”。在过去，家里的门窗、桌椅、板凳坏了，他总是自己修复。

他有一个处世原则：自己的事情自己做，不到万不得已，绝不去麻烦别人。

这种独立自主的能力，开发了自己的“脑潜能”，很多技能应运而生，许多奇思妙想脱颖而出，很多艰难困苦巧妙化解。

陈纳逊先生从小就爱动，喜欢各式各样的体育项目。

耄耋之年，他依然不闲着，每天都要坚持锻炼，不过运动强度降低了。

80岁以后，他除了每天散步3公里外，还根据自己的身体状况，编了一套徒手健康操，每天习练两遍，雷打不动。

他认为，人在进入老年之后，随着身体机能的整体下降，不管是活动量还是活动方式，都需要不断调整，不能跟自己的身体“较劲”。

晚上，他在看电视的时候，要进行自我按摩：手、足、腰背、颈肩、胳膊、腿诸多部位，要按摩1小时，多年不变。

营养的均衡

陈纳逊是研究生物学的，特别是在生命科学方面他有独特的优势。

他认为合理的饮食是新陈代谢的基础。食物中既要保持充足的蛋白质，又要补充必要的维生素和微量元素。

进入老年后他注重少吃多餐，每天补充一点儿维生素，冬季还注射一些氨基酸、丙种球蛋白。

综合起来，他的人体需要的营养实现了平衡，达到了最佳状态。

陈纳逊先生说，民以食为天，而吃饭绝对是一种高级艺术。

会吃的人，越吃越健康，越吃越漂亮；不会吃的人，越吃越臃肿，越吃越受伤。

陈纳逊先生在日常生活中，很重视营养的均衡，他认为："饮食是代谢的基础，年龄大了更要保证有足够的营养供应。"

我们所说的营养均衡，要从荤素搭配、粗细结合，还要做到不挑食、不偏食。

陈纳逊(1894—1997)，著名生物学家，南京大学生物科学与技术系教授、原名誉主任。是中国动物学会创始人之一。曾被评为江苏省"十佳健康老人"。

第八篇
伏枥万里心

举手，投足，风采，风华。
走过风雨，怡然自得，
时光荏苒，精神不老，
不老的是人生的坚韧与从容，
留下的是岁月的韵味与故事。

不教一日闲过

在“开国少将”序列里，有一位“博士将军”，他酷爱学习，孜孜不倦。他勤奋学习、耐心钻研、勇敢探索、大胆追求，成绩斐然。

他，就是我国神经外科的创始人，拥有很多头衔，集各种美誉于一身的涂通今将军。

“业余”爱好

到了期颐之年，涂通今将军依然精神矍铄，头脑清晰，声若洪钟，走路带风。

很多人都想学习一下涂通今将军的养生秘诀，纷纷以各种途径向他打听。

涂通今将军直言不讳道：“我勤故我寿。”

常言道，一勤天下无难事。勤奋，是通向成功的康庄大道；勤奋，是走向辉煌的终南捷径。同样，勤奋也能给我们带来健康、长寿、幸福、快乐。

熟悉涂通今将军的人都知道，他的一个“业余”爱好一直在他心里不离不弃，那就是书法。

在童年，他的这个爱好就早早萌芽了，舞文弄墨，妙趣横生；信笔涂鸦，乐不可支。

参加工作后，他越来越忙，几乎没有时间练习。不过，他喜欢抽时间看书，特别是看关于书法的经典作品。

在离休之后，他一下子有了充沛的时间，这个未了的心愿便重新被点燃起来。

晚年生活里，练习书法是他每日必修课，他挥毫泼墨，酣畅淋漓；陶醉其中，乐不思蜀。

他的态度极其认真，书香墨韵，尽得精髓。随后，他的丹青技能不断提升，作品获奖的消息也是捷报频传。

涂通今将军说："书画可以陶冶人的情操，沉浸在书画里的人是快乐的，也是幸福的。"

写文章不啻于"养心之道"

一直以来，涂通今将军都非常注重生活的充实性，他的座右铭是"不教一日闲过"。

除修炼字画之外，他还写得一手好文章。由于长期坚持学习、实践，以及思考，他的文章也屡见诸报端。他先后出版了十几部著作。对于《中国医学百科全书》和《新中国预防医学历史经验》的编纂工作，他也付出了极大的心血。

写文章在他看来，不啻于"养心之道"。

作为一种价值输出的脑力劳动，写作能够释放人的情绪，达到精神旅行的目的。

由于写作时需聚精会神，所有杂念便无影无踪。由此可见，这种忘我的精神，不仅可以消灭烦恼纠缠，还能让人快乐倍增。

涂通今将军说，把自己多年以来总结的经验，用心融进文字里，以书的形式传给后人，“他们能少走一些弯路，就是我莫大的幸福”。

83 岁，他还编写了《急症神经外科学》一书，得到业内外人士的广泛好评。

适合自己的才是最好的

涂通今将军是医生，德高望重；他还是养生达人，远近闻名。

他主张，人活着要辛勤劳动，开心活动，快乐劳动。人一旦“动起来”，世界就会多姿多彩。

他不建议大家千篇一律、人云亦云的运动。要根据自己身体的实际情况，找到那些适合自己的方式。时刻铭记：“适合自己的才是最好的。”

他就是根据自身情况，摸索着创出一套“关节运动操”，每天都要练一练。他还反复修正，不断改良；直到最后得心应手，行云流水。

涂通今将军认为，不同年龄段，在做运动时都要根据自己身体的实际状况做一些相应调整。

他有“4 个准时”——每天准时锻炼，准时吃饭，准时休息，准时起床，恒定不变。

悲天悯人，心存大爱

涂通今将军爱做善事，平常爱帮助周边人，遇到慈善活动更是从不怠慢。

街坊邻居来找他，他也是和颜悦色，平易近人。

一些人登门，其实也就是生活里的鸡毛蒜皮，他给出主个意，想点办法，都能让对方满意而归。

翻开健康宝典，那些老寿星们基本上都有一个共同特征：悲天悯人，心存大爱。

与人交流沟通时，涂通今将军总是和颜悦色、温文尔雅，他那春风风人、诙谐幽默的风格，总能给别人带来开心快乐。

在他看来，这也是在积德行善。过去，人们爱说“送人玫瑰，手留余香”。

很多时候，举手之劳的事情，就能让别人少走弯路，我们又何乐而不为呢？付出者，收获一份美丽心情，也相当不错。

1996 年，涂通今家乡遭受水灾，他和妻子拿出原本要买按摩器的钱，又从生活费中拿出了一些，凑了 1000 元钱寄给了灾区。

不久，他们听说长汀县一所小学的学生们非常清苦，又捐赠 3000 元，为这所小学建起了“希望书库”，同时，又给家乡老区促进会寄去了 600 元钱。

1999 年底老两口回闽西，看到长汀一所小学设施简陋，掏出身上仅有的 1000 元钱捐赠给学校，这是两位老人的拳拳爱心。

终身学习

古诗云：老牛明知夕阳短，不用挥鞭自奋蹄。

离休后的涂通今将军非常珍惜时光。他说，这些宝贵时间，我正好能够完成年轻时代所有搁浅的梦想。

想要美梦成真，离不开脚踏实地的学习、钻研和精进。

很久以来，涂通今将军就将“终身学习”4 个字当成自己人生的信条。

他不断拓宽自己的学习途径，力求全方位、立体化。譬如读书、看报、听广播，阅自然；譬如逛街、聊天、上网络、看电视；等等。

每天，他总是把学到的新东西记下来，整理成笔记，晚上系统复盘一次。

知识在思考和感悟之后，就会变得鲜活灵动，经触类旁通，内化成自己的营养，然后升华结晶成圆融通达的智慧。

生活质量优良

涂通今将军对于物质生活要求很低，对于精神要求极高，生活质量优良，是他一贯的追求。

他指出，家庭和睦温馨，是幸福美满的源泉；保持知足和感恩，是快乐生活的根本。

他和夫人举案齐眉，相敬如宾，是有名的神仙眷侣。两人都是京剧票友，闲暇之际，会合作演一出戏，他们配合默契，珠联璧合。

他们合作的剧目，有《沙家浜》《红灯记》《智取威虎山》等现代戏；也有《霸王别姬》《四郎探母》《穆桂英挂帅》等古典戏，精彩纷呈。

为了生活更美好，涂通今将军也喜欢美化环境，在院里栽上花草树木，还养猫养鸟，很平常的日子，一下子鲜活缤纷起来，有情有趣。

生活里，我们都是主角，何必在乎谁的眼光，或者议论呢？

我们仅有一辈子，好好善待自己，养生保健，水到渠成！

涂通今（1914—2023），福建省长汀县人。医学博士，中国神经外科事业的开拓者。1932 年参加中国工农红军，1933 年加入中国共产主义青年团，同年加入中国共产党。先后任第四军医大学副校长、校长，中国人民解放军总后勤部卫生部副部长，军事医学科学院院长等职。1964 年，被授予少将军衔。

白髯飘逸写传奇

宋宝罗是京剧界的长寿之星，他 1916 年生于北京，2017 年去世，享年 101 岁。

2005 年，在中央电视台灯光璀璨的春晚戏曲舞台上，白髯飘逸的宋老边唱边画，曲终笔落，雄鸡报晓跃然纸上。

边唱边画的绝技

宋宝罗崇尚淡泊养生，晚年尤以书画自娱。自 2008 年以后，老爷子坚持写博客。

和众多前辈京剧艺术家一样，宋宝罗先生是多才多艺的；但和许多人不一样的是，宋宝罗在篆刻、书法、国画方面不是票友，他在美术上的造诣丝毫不逊色于他的表演艺术。

1962 年 12 月 26 日，他为毛泽东演唱自编自导的新戏《朱耷卖画》。他一边演唱，一边画鸡，唱完鸡成，只见几分钟之内，一只大公鸡就栩栩如生地跃然纸上了。

毛泽东当时就站在宋宝罗的身边看他作画，连连称赞其用笔很准确，多才多艺。并高兴地建议宋宝罗题写“一唱雄鸡天下白”为题。因为这一天正好是毛泽东的七十寿辰，宋宝罗当场将画作敬献给了毛泽东。

老生宋宝罗的名字随着他能边唱边画的绝技又一次为更多人所熟知。

原来，宋宝罗15岁时倒嗓在京休养期间，就曾随著名书画家马湛汀学习绘画，后又拜于非闇为师，专攻工笔花鸟，同时学习治印。

1933年春，在湖社的一次笔会上，国画大师徐悲鸿作画完毕，发现未带印章，年轻的宋宝罗当场刻印“悲鸿”二字，徐悲鸿大为赞许，立刻将其加盖在自己的画上。从此，宋宝罗治印的名声便传开来。

1933年到1937年，他入天津美专松声画社从名画家赵松声为师学画松，在金锡侯、徐世昌、华世奎、于右任等名流的安排下，开始在天津劝业场梦花室南纸店、中华书局及天祥市场等处挂牌治印谋生，曾为张大千、齐白石、梅兰芳等名人治印。

重新登台以后，宋宝罗经常在自己编演的新戏中加入绘画和书法，恰如其分地表现自己的特长，使演出大为增色。

退而未休

1993年宋宝罗正式退休。但他退而未休，他的社会活动很多，经常有人邀请他参加各种京剧演唱和绘画活动。

宋宝罗十分随和。无论是赈灾义演，还是到机关、工厂、农村、票房、养老院、福利院，甚至到偏远山区、水网湖区演出，只要受人邀请，他都乐意参加，而且演得同样认真，日子过得十分充实而又丰富多彩。

每次演出，他都不讲条件，不计报酬，有时甚至自掏腰包，给伴奏人员一点辛劳费。

除了唱戏外，他每天更多的时间是用于画画。

因为他曾为毛泽东画过大公鸡，很多人都向他求画公鸡，他也来者不拒，每天画几幅“还债”。

画鸡画熟了，便采取“流水作业”，一次排开五六张宣纸，依次画好红色鸡冠，待颜料稍干，再用其他颜料画鸡头、鸡身、鸡爪。

于是有人就风趣地说：宋老的家已成“养鸡场”了。

“我的画不换钱”

他不仅擅画鸡，也善画鹰、画虎、画松、画梅、画荷，而且都有很深功力，但他画的所有画都从不卖钱。

为此，他专门刻了一方图章“我的画不换钱”，印在每张作品上。

他的画虽不换钱，但却很值钱。许多单位和个人都纷纷收藏他的作品。

1991 年 4 月，他的一批作品在美国费城展出，参观者达数千人。不少参观者要求购买，因事先有约，皆被承办人婉拒。

展览以后，宋宝罗送给承办人两幅作品，其余都原物运回。1998 年抗洪救灾，他一次就义卖了上百幅画，其中一幅八尺墨松，被一位大老板以50万元购去，钱款全部用于赈灾。

1996年，宋宝罗八十华诞时，在浙江省博物馆举办了个人画展。

1997年，他竟以长及胸腹的真胡须代替髯口演出《三娘教子》的薛保，一时传为梨园佳话。

京剧与养生，看似两个不同的领域，细究却发现二者有着密不可分的联系。

很多京剧大家都有自己的一套养生方式，能够健康长寿，颐养天年。

100岁时为自己新浪博客亲自写了欢迎词的京剧艺术大师宋宝罗说，唱京剧不仅能充实生活，还能为自己带来青春活力，具有养生之妙用。

宋宝罗(1916—2017)，京剧表演艺术家，出生于北京一个梨园家庭。6岁时开始学戏，7岁正式登台。新中国成立后，宋老多次为毛泽东、叶剑英等党和国家领导人演出。曾为张大千等名家治印。崇尚淡泊养生。晚年尤以书画自娱。

有事干是最好用的养生秘诀

夏征农曾经在74岁的时候出任《辞海》的第三任主编。在他的主持下，1979年版、1989年版和1999年版《辞海》相继出版，发行量逾600万部。

在2002年，他以98岁高龄出任中国第一部特大型综合性辞典《大辞海》的主编，是世界上最年长的辞书主编。

勤动脑

夏征农对长寿有着独到的体会。除了心胸开阔、饮食有节外，动脑和工作成为他养生的秘诀。

为了编好《辞海》和《大辞海》，他每天都翻阅查询大量文稿，监督和掌握各项工作的进程。

只要动脑，夏征农就会感觉神清气爽、心情愉悦。除了编好辞书外，他每天还要读报、听广播、练习两张毛笔字。

在别人询问自己的养生秘诀时，夏征农总会幽默地说道："编《辞海》，有事干，这是最好用的养生秘诀。"

脑的衰老速度影响着全身的衰老速度，勤动脑是人保持精神状态和免疫能力的重要方法，所以，热爱生活的老年人都应该想方设法使用自己的大脑，让大脑锻炼与肢体锻炼同时进行。

老体育迷

夏老在坚持工作之余，认为，长寿的第一要诀是运动。

夏老的起居生活颇有规律，他每天早晨5点半左右起床，吃完早餐后，就在自家小院里来个“饭后百步走”。

上午一般读报看书，有时兴致来了，就吟上几首诗，练上一通书法。中午要午休，时间不长，大约1个小时左右。下午一般接待来访者或看看书。晚上看电视。

说到看电视，他的夫人方尼则戏称他是个“老体育迷”。因为凡是田径、排球、篮球、体操或足球节目，他都喜欢观看，尤其是球赛，几乎不肯落下一场，还要边看边评论。

干淋浴

他自编了一套命名为“干淋浴”的按摩保健操，每天早晨起床后，就边听广播边做。

这套保健操包括浴手、浴臂、浴头、浴眼、浴鼻、浴胸、浴腿、浴膝，以及鸣天鼓、旋眼睛、搓腰眼、揉腹部、搓脚心等等，具有通络活血、健身治病的功效。

一招一式做下来，大约需要20分钟。

洗漱完毕之后散步，然后再做一套自编的健身操。

他的家是一套两层楼的小洋房，他常常喜欢楼上楼下地走动。闲时，他在院里种花、浇水、抚弄花草，活动筋骨。

在室内坐久了，或者看书写作时间长了，他就在屋里屋外走上几圈，或者踢踢腿，弯弯腰，转转头。

他说："身子要多运动，脑子要多活动。常用的刀不锈，流动的水不臭。生命在于运动。"

饮食简单

夏老的饮食也很简单，早餐是一个煎鸡蛋或者是稀饭就咸鸭蛋，有时是一瓶酸奶、半碗粥或一个肉粽、几个黑芝麻汤丸。

午餐和晚餐都是小半碗饭，三四个家常菜，其主菜是"四瓜当家"。所谓四瓜，即冬瓜、丝瓜、苦瓜和西瓜。

前三种瓜常用来配肉丝、虾米、鸡蛋、豆腐之类，或炒食或煮汤。至于西瓜，则在午餐后当作水果，算是补充营养和水分。

他不喜欢大鱼大肉，偶尔吃点甲鱼之类的好菜，也绝不多吃。由于饮食很有节制，夏老的肠胃功能一直很好。

快乐与豪迈

夏老还是一个快乐的老人。闲时，他也打打扑克。

他打扑克时一个人能算四方的牌，打桥牌想让谁赢谁就赢。偶尔还用他带江西口音的普通话唱上一段京戏，常使家人忍俊不禁。

有时，他也会轻轻地吟诵自己写就的小诗，他写的小诗虽然不长，但字里行间却洋溢着一位百岁老人奋发向上的豪迈之气。

夏老为人宽容和善，他认为："心胸狭窄的人整天心神不宁，又如何能够长寿？如果我们都能相逢一笑泯恩仇，又有什么解不开的疙瘩呢？能这样想的人对身心健康都会有利。"

夏征农(1904—2008)，江西丰城人。曾任中共济南市委副书记，中共中央山东分局宣传部部长，中共山东省委常委、副书记，济南市委书记处书记，中共中央华东局宣传部部长，中共上海市委书记处书记，中共中央顾问委员会委员，上海市社联、文联主席，复旦大学党委书记，上海大学首席顾问。曾任《中国大百科全书》总编辑委员会副主任，《辞海》《大辞海》主编。

长寿缘于不断地提升

郎静山在百岁的时候，很多人都问他，为什么他能够在百岁这个年纪依旧在摄影界中非常活跃?

很多人都问他是不是有什么养生的秘诀或者养生之道，他说其实他只知道摄影远胜于运动。

对于郎静山来说，能够捕捉到世间美好和大自然的美好瞬间是最幸福的事情。

他愿意跋山涉水地去思考，愿意将自己的全身心投入到这种艺术创作中，这其实也是他能够长寿的一个重要原因。

不断攀爬高峰

郎静山的一生是多么精彩，而他能够长寿的秘诀就是对于生活、对于事业的热爱，以及他生活中无处不在的创造力和幽默感，同时在这样的生活中，不断提升自己。

人在创造的过程中，脑部会分泌出内啡肽，会让人的身心愉悦，同时也会充满激情。

与此同时，一个人如果对于自己的事业充满热爱与幽默，这会非常有利于人释放压力，并且能够帮助人走出困境，微笑面对生活，更重要的是提高工作效率。

对于郎静山来说，创造是他的养生秘诀之一，他的坚持让他能够在众多的人中脱颖而出，让他在这个摄影的职业生涯中能够得到不同的赞赏。

养生秘诀来源生活

每一个人都有一段自己的人生经历，但是这些经历都非常不一样。一个人如果在他的一生中能够有所成就，并且做到了被世人记住是非常不易的，更重要的是他的养生秘诀即是来源生活。

郎静山早年时期在上海南洋中学学习，在老师的教育之下，他学会了摄影的相关原理、冲洗和晒印等技艺，从此他与摄影结下了不解之缘。

郎静山在读完书以后进入了上海的《申报》，他是中国第一代摄影记者。

而在进入《申报》工作的同时，郎静山成了中国摄影协会创办人，之后又进入《时报》工作，成为一名摄影记者。

他的摄影技术与众不同，他最擅长的领域就是仿画摄影，即将中国的绘画与摄影结合起来。郎静山的这一系列作品被人们称为超凡脱俗的摄影作品，并受到了人们的一系列好评。

郎静山在摄影界逐渐发展，从而在1927年的时候与胡博翔成立了一个摄影团队，叫作华社。在同一年也在《时报》大厦举办了相关的个人摄影展览。

他因这一高超的摄影技术和优秀的摄影作品，被人们称为中国非常有意境的摄影师。

而它的第一部集锦摄影作品《春树奇峰》在一个英国展览会上展出，并且成为我们国家表现中国画意境的摄影师。

他的这一系列作品集以及在摄影界上的辉煌成就，使得他在摄影界留有非常大的名声。

工作就是快乐

郎静山作为中国第一代摄影师，他在 103 岁的时候为了拍摄照片依旧登上了黄山。

大家都能够看到他依旧精力充沛，腿脚灵活，而往往我们很难看到能活到百岁的老人，更何况是在百岁之际，依旧能够攀爬黄山，这更是不易之处。

很多人都跟他请教能够活到百岁的养生秘诀，甚至能够在老年时期依旧身体力行去做自己喜爱的事情的养生秘诀。

郎静山说他最重要的养生方式就是摄影。因为摄影使他攀爬各个地方，或者跋山涉水去寻找最美的风景。

郎静山也常常说他对于自己的工作是无比喜爱，甚至可以说他的工作就是他的生活乐趣，并且在工作中他能够得到锻炼，甚至于休闲。

一辈子的执着

他一辈子只做一件事——照相。

对于他来说，只要拿起相机，他就会非常快乐，按下快门，那就是一种质朴的生活。

他用自己的行为来诠释对于这份工作的热爱，并且对于“热爱”这两个字进行了叙述。

在方寸之间，大显身手。他用一帧帧照片告诉世界，向世人展示东方美学的意义。

用热爱将自己与大自然融为一体，并且在自己的精神领域能够得到一种提升。将各个领域都会合在其中，让一个人能够在这个领域里，有动力、有目标、有方向、有希望，这就是热爱。

吃饱饭好工作

郎静山在百岁之际，精神依旧充沛，一直都非常有活力。

大家都认为他保养得很好，一定有很多补品，但是其实他并没有这样的保养。

很多人都想知道他对于养生的秘诀，问他一般不会吃什么。

他说：“软的不吃，硬的不吃，两只脚的不吃，四只脚的不吃，天上飞的不吃，水里游的不吃。”

这话让人费解，这表示什么都不吃，修仙吗？

郎静山解释说：“软的棉花不吃，硬的石头不吃，两只脚的人不吃，四只脚的桌子不吃，天上飞的飞机不吃，水里游的船不吃。”

郎老的意思很明白，不挑食、不偏食，五谷杂粮，蔬菜水果，百无禁忌。

他的理念是：吃饭是为了干活，但干活绝不是仅仅为了吃饭。

郎静山的一生，大部分时间都在“快乐地干活”。

他有多敬业？从一句话中就能看出来，他说：“相机比太太还重要。”幽默的话语表达了他对事业的坚定执着。

郎静山（1892—1995），浙江兰溪人。创立“集锦摄影”艺术，在世界摄坛上独树一帜 。他一生酷爱摄影，共有1000多幅次作品在世界的沙龙摄影界展出。英国皇家摄影学会、美国摄影学会高级会士。代表作品有《春树奇峰》《湖山揽胜》。

附　录

《十叟长寿歌》

昔有行路人，海滨逢十叟。
年皆百余岁，精神加倍有。
诚心前拜求，何以得高寿？
一叟捻须曰：我不湎旨酒；
二叟笑莞尔，饭后百步走；
三叟颔首频，淡泊甘蔬糗；
四叟拄木杖，安步当车久；
五叟整衣袖，服劳自动手；
六叟运阴阳，太极朝朝走；
七叟摩巨鼻，空气通窗牖；
八叟抚赤颊，沐日令颜黝；
九叟抚短鬓，早起亦早休；
十叟轩双眉，坦坦无忧愁；
善哉十叟词，妙诀一一剖。

相传这《十叟长寿歌》为我国古代十大名医之一的叶桂所作，在民间广为流传。它主要描述了十位长寿老人防病健体、益寿延年的养生方法。

白话文翻译如下：

从前有个行路的人，在离海边近的地方遇到了十位老人，经过聊天，发现他们虽然都是百岁以上的老人，但是精神和身体却非常好，甚至超过常人。行人很是吃惊，诚心诚意求教他们如此长寿的秘诀。

第一位老人捻着自己的胡子说，我不嗜酒；

第二位老人微微一笑说，我经常会在饭后散步；

第三位老人点点头说，我淡泊名利，整日粗茶淡饭；

第四位老人拄着拐杖说，我以步代车；

第五位老人整了整衣袖说，我做举手之劳的事；

第六位老人举手划阴阳说，我喜欢打太极拳；

第七位老人轻轻按了按鼻子说，我开窗户让空气流通；

第八位老人摸着红脸颊说，我常晒太阳，脸都黑了；

第九位老人整理了一下鬓角说，我早睡早起，生活有规律；

第十位老人动了动眉说，我坦坦荡荡，没有烦恼忧愁。

十位老人家回答得太好了，把长寿的奇招秘诀一个个剖析明白了。

此首长寿歌谣，以简洁的语言，生动地阐述了未病先防、注意养生、延年益寿的养生之道。内容朗朗上口，可谓是妙语如珠，一字千金。

应该说，这十位老人的养生保健经验是不难践行的，老年朋友如能汲取精华，读之用之，定能受益终身。

百句长寿格言

1. 知足者常乐，能忍者自安，忍饥者长寿，耐寒者体健。

2. 每天步行二十里，百病皆无健身体。

3. 治病先治人，治人先治心。心理不好，病治不好。心理健康，身体健康。不生百病，不用药方。

4. 重视健康，淡泊钱财，死不带去，生不带来。

5. 难能之理宜停，难处之人宜厚，难为之事宜缓，难成之功宜智。

6. 人老三不四有：不闲着，不累着，不气着；有老伴，有老友，有老窝，有老底。

7. 小事糊涂，大事明白。度量大一些，风格高一些，看得远一些，想得宽一些。

8. 病从口中入，寒从脚下起；无病要早防，有病要早治。

9. 任凭世间沧桑变，我心平静身体健。细推物理须行乐，何为浮名羁绊我。

10. 愚蠢的人钩心斗角，争权夺势；聪明的人活动锻炼，生理保健。权势是暂时的，健康是长久的。

11. 药补食补，莫忘神补。药疗食疗，莫忘神疗。

12. 每日频行，必身轻目明，筋节血脉调畅，饮食易消，无所壅滞。

13. 要活好，心别小，善制怒，寿无数。笑口开，病不来，心烦恼，病来了。

14. 吃饭七成饱，穿戴适当少，耐点饥和寒，益寿又延年。这就应验了千古名言：“若要身体安，三分饥和寒”。

15. 冬天动一动，少闹一场病；冬天懒一懒，多喝药一碗。

16. 人生有缘才相聚，何必与人过不去。人逢花甲叹时短，我命在我不在天。

17. 人生“四愈”：良好的决断愈多，幸福的生活愈美，抵抗疾病的能力愈强，身心健康的状况愈好。

18. 树老怕空，人老怕松。戒空戒松，从严从终。

19. 智力的发展取决于身体的健康，身体的健康取决于心理的健康。

20. 莫把烦恼放心头，免得未老先衰颓；莫把烦恼放心头，免得白了少年头。

21. 体胖血稠，潜伏危害。多吃水果，多吃蔬菜。预防血栓、心脑梗死。

22. 养生孰为本，元气不可亏；养生孰为先，养心须乐观。

23. 大笑养心，抑郁伤心。注重养生，先要养心。终生保健，终生康健；终生养生，终生康宁。

24. 顺其自然，量力而行。善待自己，无愧于心。随遇而安，自成天趣。信马由缰，快乐安康。

25. 房宽楼宽，不如心宽；千好万好，不如心好。

26. 静而少动，体弱多病；有静有动，无病无痛。

27. 淡泊名利，无所奢求。求其所可求，求无不得；求其所不求，求无一得。

28. 生命在于运动，生命在于休息。保持乐观情绪，遵循生活规律。白天按时运动，身体就会康宁。晚上按时休息，精神就会安逸。

29. 有健康的人，便有希望；有希望的人，便有了一切。

30. 为了小事发脾气，回头想想又何必。别人生气我不气，气出病来无人替。

31. 经风雨，见世面，勤活动，多锻炼，精神安，体魄健。

32. 忘掉过去，珍惜现在；享受今天，乐观未来。

33. 健康比金钱更为可贵，因为我们所赖以获得金钱的，就是健康。

34. 病来身上心放宽，战胜疾病须乐观。

35. 吃饭细嚼慢咽，身心健康平安；学习马虎粗心，知识真伪不分。吃饭虎咽狼吞，肠胃撑胀伤身。

36. 病从口入，祸从口出。无气不生病，无毒不生疮。

37. 运动的好处除了强身之外，更是使一个人的精神保持清醒的最佳途径。

38. 生活有度，人生添寿。吃饭有度，不胖不瘦。

39. 心理平衡，生理平衡，预防疾病，身体安静。

40. 健康的内涵：躯体健康，心理健康，适应力强，道德健康。

41. 水停百日要生毒，人闲百日要生病。脑子不用不聪明，身子不练不康宁。

42. 大其心容天下之物，虚其心受天下之善，平其心论天下之事，定其心应天下之变。

43. 心理健康是智慧的源泉；身体健康是幸福的保障。

44. 月有阴晴圆缺，人有悲欢离合。人生路上多坎坷，身处逆境寻欢乐。

45. 细粮四，粗粮六；主食四，副食六；动物四，植物六；一把蔬菜一把豆，一个鸡蛋加点肉。

46. 不靠医，不靠药，天天锻炼最见效。

47. 一种美好的心情，比十副良药更能解除生理上的疲惫和痛楚。

48. 攻克顽症靠自身，恢复健康要耐心。心态宁静比药好，欢欢乐乐做病人。

49. 少食多餐，益寿延年。睡觉不蒙头，黄昏郊外走，无事勤扫房屋，强似上药铺。常洗衣服常洗澡，常晒被褥疾病少。

50. 心胸开阔，心地善良，处事泰然，性格开朗。爱劳动，不懒惰，爱活动，不闲着。

51. 寿命的缩短和精力的虚耗成正比；寿命的延长和心情的悲哀成反比。

52. 烟有百害，而无一利。吞云吐雾，伤害身体，污染环境，损人害己，劝瘾君子，戒烟勿吸。

53. 少量之酒，健康之友；多量之酒，罪魁祸首。

54. 运动好比灵芝草，何苦去把仙方找。人怕不动，脑怕不用。

55. 忧愁、焦虑和悲观，使人体弱多病；豁达、喜悦和乐观，使人健康长寿。

56. 好儿好孙子，不如好身子。身体有精神，全家乐滋滋。少病少累赘，自己少受罪。儿女少受累，省钱省药费。

57. 运动的要义不在趣味而在持久，养成习惯。

58. 宁吃好桃一口，不吃烂杏一筐。暴食暴饮会生病，定时定量可安宁。

59. 欲得长生，肠胃常清；指甲常剪，讲究卫生。限酒戒烟，身心必健；春捂秋冻，不生百病。

60. 宽厚待人，严于律己；知足常乐，不攀不比。

61. 治病先治神，药疗先疗心；生理卫生强身，心理卫生强心。

62. 心胸里头能撑船，健康长寿过百年。心胸里头能拉车，健康长寿一百多。

63. 受人点滴之恩，当以涌泉相报。多看别人长处，多记别人好处，多帮别人难处，多怜别人的苦处。

64. 久立伤骨，久坐伤血，久视伤神，久行伤筋，久卧伤气。

65. 一日三笑，人生难老。一日三恼，不老也老。

66. 宽宏大度，心旷神怡，处事大方，长寿健康。

67. 头要常凉，脚要常热，身要常动，心要常静。

68. 最好的医生是自己，最好的药物是时间，最好的心情是宁静，最好的运动是步行。

69. 宽宏大度容天地，得容人处且容人。忍一时风平浪静，退一步海阔天空。

70. 千保健，万保健，心理平衡是关键。千养生，万养生，心理平衡是“真经”。

71. 神疗重于食疗，食疗重于药疗，防病重于治病。

72. 习勤成乐，习乐养心，有利健身；习逸成惰，习惰成疾，有害身体。

73. 走步和音乐要两方面并重，才能得到完美的人格：走步能强健身心，音乐能陶冶情操。

74. 释放心襟，开阔胸怀，主动交际，缓解压力。掌握幽默的技巧，幽默就是力量。

75. 勤能体健，人不懒惰，襟怀开阔，豁达乐观。粗细搭配，荤素均匀。家庭和睦，心情舒畅。

76. 节食少求，多笑少愁，排除杂念，逍遥自由。学而不厌，诲人不倦。不知老之将至。

77. 良好的心态是健康的润滑剂。

78. 愉快的生活，丰富多彩；体育锻炼，乐趣无穷。

79. 饭后(半小时)百步走，活到九十九。饭后百步走，强似开药铺。

80. 人生“四最”：因气生病最不该，身患重病最悲哀，绝症康复最舒畅，死于无知最冤枉。

81. 合理膳食，适当运动，戒烟限酒，心理平衡。

82. 身体的健康因静止不动而破坏，因运动练习而长期保持。

83. 天怕乌云地怕荒，人怕疾病草怕霜。心灵的疾病，比肌体的疾病更危险。

84. 病来之，则安之，树立信心，积极治疗。战胜病魔，恢复健康。没有治不好的病，只有治不好的人。

85. 健康是人生第一大财富。拥有健康才拥有一切！

86. 锻炼身体要经常、要坚持，人和机器一样，经常运动才不会生锈。

87. 笑一笑，十年少，笑口常开，健康常在。愁一愁，白了头，天天发愁，添病减寿。

88. 健康的体魄恢复时，智力和创造力就会再生。

89. 良好的健康状况，美好的愉快心情，是幸福的最好资金。

90. 天天常笑容颜俏，七八分饱人不老。逢君莫问留春术，淡泊宁静比药好。

91. 一笑烦恼跑，二笑怒气消，三笑憾事了，四笑病魔逃，五笑人不老，六笑乐逍遥。天天开口笑，寿比彭祖高。

92. 健康是个宝，要靠平时的保养，而不能靠药物。

93. 有规律的生活是健康与长寿的秘诀。

94. 生活像镜子，能照人影子。你哭它也哭，你笑它也笑。常哭病来了，常笑病没了。

95. 体欲常逸，食须常少。劳无至极，食无过饱。

96. 病有“五来”：吃出来，喝出来，吸出来，懒出来，气出来。

97. 喝绿茶，吃大豆。睡好觉，常运动。酒限量，烟戒掉。天天笑，容颜俏。

98. 三天不吃青，两眼冒金星。多吃水果多吃菜，清理肠胃又补钙。降压降脂又抗癌，健身防病心愉快。

99. 一个健康的乞丐比一个体弱多病的皇帝要幸福。

100. 旺盛的精力，来自健康的身体；愉快的笑声，是精神健康的标志。